ÜBER DAS BUCH:
Können Vitalität und Spiritualität eines Menschen durch physikalische Messungen nachgewiesen werden? Diese Frage beschäftigt Michael König seit über 30 Jahren. Schon in seiner Studienzeit baute er sein erstes Kirliangerät; im Laufe seines Berufslebens als Physiker führte er viele Untersuchungen über das menschliche Energiesystem durch. Dabei entdeckte er, dass der elektrische Ladungshaushalt eines Menschen in enger Beziehung zu seiner Vitalität und seinem Bewusstseinszustand steht. König entwickelte daraus im Laufe der Jahrzehnte ein modernes Diagnoseverfahren, das Ärzten dabei behilflich sein kann, den Gesundheitszustand ihrer Patienten besser zu verstehen: die Photonen-Diagnose.

ÜBER DEN AUTOR:
Dr. Michael König, geb. 1957, ist Quantenphysiker und widmet sich seit fast 30 Jahren der Erforschung des Zusammenhangs von Geist und Materie.
Von 1987 bis 2004 leitete er ein privates Forschungsinstitut und erwarb Patente im Bereich der komplementären Medizin. Als einer der Wegbereiter der Neuen Physik und des Paradigmenwechsels ist er ein gefragter Referent und Dozent auf internationalen Kongressen, an Universitäten und in Dokumentarfilmen.

Michael König

Photonen-Diagnose

Vitalität ist messbar –
wie lebendig
sind Sie wirklich?

SCORPIO

Dieses Buch dient der Information über eine Methode der Selbsthilfe und Bewusstseinsentwicklung. Wer sie anwendet, tut dies in eigener Verantwortung.
Der Autor beabsichtigt nicht, Diagnosen zu stellen oder Therapieempfehlungen zu geben. Das hier vorgestellte Verfahren ist nicht als Ersatz für ärztliche oder psychotherapeutische Behandlung bei ernsthaften Beschwerden zu verstehen.

© 2014 Scorpio Verlag GmbH & Co. KG, Berlin · München
Umschlaggestaltung: Guter Punkt, München
Umschlagmotiv und Illustrationen im Innenteil: © Michael König
Satz: BuchHaus Robert Gigler, München
Druck und Bindung: Beck, Nördlingen
ISBN 978-3-943416-70-1

Alle Rechte vorbehalten.

www.scorpio-verlag.de

Inhaltsverzeichnis

Einleitung 7

KAPITEL I
Die Entdeckung der Elektrolumineszenz
an lebenden Objekten 9

KAPITEL II
Anwendungen des Kirlianeffekts im Westen 19

KAPITEL III
Erste persönliche Erfahrungen
mit dem Kirlianeffekt 32

KAPITEL IV
Ohne Biophotonen kein Bioplasma 50

KAPITEL V
Der Kirlianeffekt auf dem Weg
ins digitale Zeitalter 60

KAPITEL VI
Die Photonen-Diagnose   69

KAPITEL VII
Ergebnisse erster Fallstudien   90

Zusammenfassung   114

Literatur   116

Einleitung

Seit dem Bekanntwerden des in der ehemaligen Sowjetunion entdeckten Kirlianeffekts faszinieren Kirlianfotografien belebter und unbelebter Gegenstände den Betrachter – den Fachmann ebenso wie den naturwissenschaftlichen Laien.

Schon während meines Studiums der Physik vor über dreißig Jahren begann ich damit, die Gesetzmäßigkeiten biologischer Prozesse zu erforschen.

Am Anfang stand dabei meine Vermutung, dass elektrische Ladungen und die von ihnen verursachten elektrischen und magnetischen Felder sowohl mit unserer körperlichen als auch mit unserer psychischen Verfassung in Zusammenhang stehen.

In diesem Buch berichte ich zudem über erste Anwendungen der Kirlianfotografie in der Sowjetunion in den Bereichen der Lagerstättenkunde, der Landwirtschaft und der Medizin sowie über die weitere Entwicklung des Verfahrens im Westen ab den 1970er-Jahren.

Moderne Quantenphysik und elektronisches High-Tech machen es möglich: Mit dem faszinierenden Verfahren der Photonen-Diagnose sind nun die Vitalität, die psychische Verfassung und auch die persönliche spirituelle Transformation von Patienten anhand ihres elektromagnetischen Zustands objektiv messbar.

Vorgestellt werden in Kapitel VII auch die ersten Ergebnisse einer laufenden Studie in einer medizinischen Praxis, die das von mir aus der Kirlianfotografie weiterentwickelte digitale Diagnoseverfahren bereits bei vielen ihrer Patienten angewandt haben.

KAPITEL I

Die Entdeckung der Elektrolumineszenz an lebenden Objekten

Bereits in der Antike und bis in die Neuzeit hinein beobachteten Seefahrer bei Dunkelheit ein merkwürdiges bläuliches Leuchten, das meist an der Mastspitze ihres Segelboots am kräftigsten in Erscheinung trat. Auch auf dem Festland wurden solche Beobachtungen gemacht, hauptsächlich an Kirchturmspitzen oder sonstigen Erhöhungen, die über ihre Umgebung hinausragten. Meist wurden diese Leuchterscheinungen vor oder während eines Gewitters bei Nacht gemacht, wodurch es nahe lag, diese mit Vorgängen in der Atmosphäre in Verbindung zu bringen.

Später wurde das Phänomen allgemein unter der Bezeichnung St.-Elms-Feuer bekannt, und mit der naturwissenschaftlichen Untersuchung und Beschreibung der Elektrizität konnte man eine natürliche und plausible Erklärung für diese Leuchterscheinungen finden. Von dem Physiker und Naturforscher Georg Christoph Lichtenberg, der im 18. Jahrhundert in Göttingen lebte und lehrte, sind noch heute Originalaufzeichnungen vorhanden: nach ihm werden die Entladungskanäle, wie sie auch bei der Kirlianfotografie auftreten, als Lichtenberg'sche Figuren bezeichnet. In der Physik werden diese Vorgänge unter dem

Begriff der Elektrolumineszenz zusammengefasst; heutzutage werden dabei auch die Vorgänge innerhalb der Atome von der Quantenphysik gut verstanden. Heute wissen wir, dass diese Vorgänge in der Natur auftreten, wenn sich große elektrische Ladungsunterschiede in der Atmosphäre aufbauen. Bevor sich solche Unterschiede in Form eines Blitzes entladen, fließen bereits kleinere Entladungsströme, insbesondere an spitzen Gegenständen, weil dort die elektrischen Potenzialdifferenzen am größten sind.

Mit der stetig wachsenden Nutzung der Elektrizität durch den Menschen im Alltag war es daher nur eine Frage der Zeit, bis die Elektrolumineszenz auch an technischen Geräten, in denen hohe elektrische Spannungen verwendet werden, auftreten würde. Die junge Sowjetunion unternahm besonders ehrgeizige Projekte, um die Elektrifizierung der kommunistischen Gesellschaft voranzutreiben. Lenin brachte seine politische Überzeugung auf die einfache Formel: Sozialismus ist gleich Sowjetmacht plus Elektrifizierung. Und so ist es vielleicht kein Zufall der Geschichte, dass ausgerechnet einem Sowjetbürger die Entdeckung der Elektrolumineszenz an lebenden Objekten gelingen sollte. So war es schließlich der Elektrotechniker Semjon Kirlian, der in den 1930er-Jahren bei der Reparatur eines elektrischen Apparates, bei dem die interne Hochspannung schlecht gegenüber dem Außengehäuse isoliert war, die Beobachtung machte, dass von seinen Händen ein merkwürdiges bläuliches Leuchten ausging, als er den defekten Apparat unter Strom berührte. Bald darauf begann er zusammen mit seiner Ehefrau Walentina, dieses Phänomen näher zu untersuchen. Sie fanden heraus, dass auch andere lebendige Organismen, also auch Tiere und Pflanzen, diese merkwürdigen Leuchterscheinungen abstrahlten, sobald sie mit einem Hochspannungs-Hochfrequenzfeld in Berührung kamen.

Bald wurden auch sowjetische Wissenschaftler auf die Entdeckung Semjon Kirlians aufmerksam, und sie begannen, den Effekt mit wissenschaftlichen Methoden zu erforschen. Das totalitäre System unter der Herrschaft Stalins machte daraus sehr schnell ein Staatsgeheimnis, und so gelangte die Kenntnis darüber erst in den 1970er-Jahren in den Westen. Nicht viel ist über die Kirlianforschung in der Sowjetunion vor dem Zweiten Weltkrieg bekannt geworden, aber es ist heute allgemein bekannt, dass der Kirlianeffekt dort schon in den 1950er-Jahren zur medizinischen Diagnose in Kliniken, in der Agrarwirtschaft zur Saatgut- und Erntekontrolle, in den Geowissenschaften zum Auffinden von Erzlagerstätten und schließlich auch in der Werkstoffkunde und -prüfung eingesetzt wurde.

Sowjetische Mediziner und Biowissenschaftler erkannten früh das Potential der Kirlianfotografie in der medizinischen Diagnose. Sie prägten in der medizinischen Diagnostik den Begriff des Bioplasmas und erkannten damit die Ursache für die Beschaffenheit der Kirlianfotografie in dem elektrischen Ladungshaushalt eines Patienten. Die Stärke der beim Kirlianeffekt auftretenden Strahlenkorona hängt natürlich unmittelbar mit der Leitfähigkeit, also der Menge der freien oder mobilisierbaren elektrischen Ladungsträger, zusammen. Je mehr Ladungsträger vorhanden sind, umso geringer ist der elektrische Widerstand, und umgekehrt umso höher ist die elektrische Leitfähigkeit. Die Wissenschaftler erkannten, dass sich die Kirlianfotografie in idealer Weise zur Therapiekontrolle eignet, indem man vor und nach einer Behandlung eine Kirlianaufnahme macht und beide dann miteinander vergleicht. Allerdings ist dieser rein quantitative Vergleich zweier Abstrahlungen nicht das einzige Kriterium zur Beurteilung solcher Kirlianaufnahmen, denn man muss auch die Strahlungsqualität, also die Beschaffenheit der Strahlenkorona, mit berücksichtigen.

In der Agrarwirtschaft wurde mit der Kirlianfotografie in der Sowjetunion Saatgut auf seine Eignung in verschiedenen klimatischen Gebieten untersucht. Aus der Abstrahlung eines Keimlings konnte man nämlich schließen, ob er besser oder schlechter für eine bestimmte Anbauzone geeignet war oder ob andere Saatgutsorten bessere Wachstumschancen hatten.

Bei der Erkundung von Erzlagerstätten wurde zunächst nach groben Hinweisen in Veränderungen des Erdmagnetfelds beim Überfliegen eines Gebietes gesucht. Sodann nahm man Bodenproben an interessanten Stellen und untersuchte diese mit der Kirlianfotografie auf ihr Abstrahlungsverhalten hin. Je nach mineralischer Zusammensetzung ergab die Untersuchung jeder Probe dann genauere Hinweise auf die in ihr enthaltenen Erze.

In den Materialwissenschaften untersuchte man mit der Kirlianfotografie die spezifische Abstrahlung einer Werkstoffprobe oder konnte auch in einzelnen Werkstücken das Vorhandensein von Haarrissen aufspüren.

Im Folgenden wollen wir uns die physikalischen Prozesse bei der Entstehung einer Kirlianfotografie einmal etwas genauer ansehen. Dazu werfen wir zunächst einen Blick in das Innere eines klassischen Kirliangeräts. Solche Geräte bestehen für gewöhnlich aus einem elektrisch isolierenden Kunststoffgehäuse, in dem eine elektronische Schaltung eine hochfrequente, gepulste Hochspannung erzeugt. Diese ist mit einer flächenartigen Metallelektrode verbunden, die unter der elektrisch isolierenden Deckplatte des Geräts angeordnet ist.

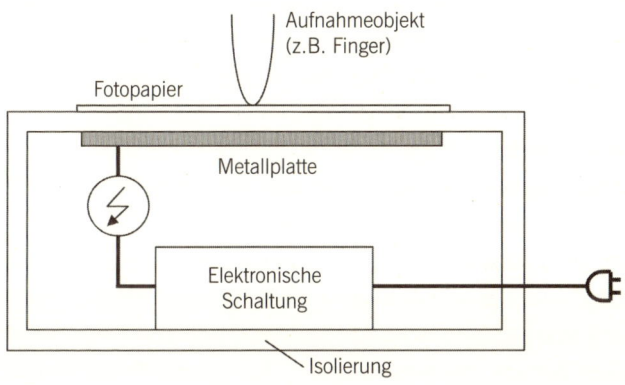

Abb. 1: Querschnitt durch ein klassisches Kirliangerät

Durch die Isolierung ist gewährleistet, dass man nicht direkt mit der gefährlichen Hochspannung in Berührung kommt, die beim Betrieb an der Metallelektrode anliegt. Die Deckplatte hat trotz der Isolierung die Eigenschaft, das durch die Hochspannung erzeugte elektrische Feld durchzulassen. Legt man nun zwischen das Aufnahmeobjekt, zum Beispiel einen Finger, und die Deckplatte ein Fotopapier, so kann man die im Dunkeln gut sichtbaren bläulichen Abstrahlungen am Finger auf dem Fotopapier abbilden und es dadurch fotografisch belichten. Danach muss man das Fotopapier in einem Dunkelkammerprozess entwickeln und trocknen, und fertig ist das Kirlianbild.

Wie entstehen die Leuchterscheinungen beim Einschalten des Kirliangeräts? Dieser Vorgang, den man in der Physik allgemein als Elektrolumineszenz oder speziell als Gasentladung bezeichnet, kann durch atomphysikalische Quanteneffekte erklärt werden. Sobald am Kirliangerät die gepulste Hochspannung eingeschaltet wird, baut sich über der Deckplatte ein homogenes elektrisches Feld auf. Wenn an der Metallelektrode gerade eine elektrisch positive Spannung anliegt, werden elektrisch negativ geladene Teilchen, die sich im Aufnahmeobjekt befinden, von dem elektrischen Feld mobilisiert und zur Metallelektrode hin beschleunigt. Denn ungleichnamige Ladungen (positiv-negativ) ziehen sich an. Liegt gerade eine elektrisch negative Spannung an der Metallelektrode an, so werden aus dem Aufnahmeobjekt positiv geladene Teilchen zur Metallelektrode hin beschleunigt. Auf ihrem Weg durch die Luft stoßen die mobilisierten geladenen Teilchen ständig mit Luftmolekülen zusammen.

Bei jedem Stoßprozess mit einem Luftmolekül gibt ein elektrisch geladenes Teilchen dabei einen Teil seiner in dem elektrischen Feld aufgenommenen Bewegungsenergie an das Luftmolekül ab und wird danach wieder in dem elektrischen Feld weiterbeschleunigt, bis es erneut mit einem Luftmolekül zusammenstößt. Dieser Vorgang wiederholt sich für jedes geladene Teilchen mehrere hundert bis tausend Mal, bis es schließlich auf das Fotopapier stößt und darin steckenbleibt oder langsam durch die elektrisch isolierende Deckplatte hindurchwandert. Wenn ein Luftmolekül nun bei einem Stoßprozess Energie von einem der geladenen Teilchen aufnimmt, so springt ein in dem Molekül gebundenes Elektron für eine kurze Zeit auf ein höheres Orbital. Meist sind es nur wenige Millionstel Sekunden, die ein solches Elektron auf dem energetisch höheren Orbital verbleibt. Während dieses winzig kleinen Zeitraums befindet sich das Luftmolekül in einem sogenannten angeregten Zustand. Danach purzelt das Elektron in dem angeregten Molekül wieder auf sein ursprüngliches Orbital zurück, und das Molekül befindet sich wieder im Grundzustand. Dabei muss es aus Energieerhaltungsgründen die von dem stoßenden Teilchen aufgenommene Energie wieder abgeben. Wenn die bei einem solchen Stoßprozess aufgenommene Energie nicht groß genug war, um das Elektron von dem Molekül abzutrennen, wird das Elektron die aufgenommene Energie in Form von elektromagnetischer Strahlung wieder abgeben. Mit anderen Worten würde ein Physiker sagen, dass das Elektron bei seiner Rückkehr in den Grundzustand ein Photon abstrahlt. Photonen sind Quanten – es sind die Quanten der elektromagnetischen Strahlung. Die Energie des Photons ist dabei typischerweise so groß, wie es der Energie des sichtbaren Lichts entspricht. Das Photon ist in dem Fall also ein Lichtteilchen, und daher wird auf diese Weise das Fotopapier belichtet und wir können diesen Prozess mit bloßem Auge in abgedunkelten Räumen gut erkennen.

Hieraus folgt, dass ein Kirlianbild in erster Linie Informationen darüber enthält, wie viele elektrisch geladene Teilchen sich auf oder in der Nähe der Oberfläche des Aufnahmeobjekts befinden und wie sie verteilt sind. Abbildung 2 veranschaulicht diesen Sachverhalt.

In **1** erkennt man ein angeregtes Atom oder Molekül im Inneren des Aufnahmeobjekts, zum Beispiel den Finger eines Patienten. Bei einem angeregten Molekül wird nur noch eine geringe Energieportion benötigt, um durch das starke elektrische Feld ein Elektron aus diesem Molekül zu mobilisieren. Dieser quantenphysikalische Prozess wird als **Feldemission** bezeichnet. In 2 wird die oben näher beschriebene quantenphysikalische Situation der **Stoßan-regung** mit anschließender Emission eines Photons beschrieben, wodurch es zur Belichtung des Fotopapiers kommt. In 3 wird die Situation eines Atoms oder Moleküls im Inneren des Aufnahmeobjekts beschrieben, das sich im **Grundzustand** befindet. Hier reicht auch die Anwesenheit des starken elektrischen Feldes über der Deckplatte des Kirliangeräts nicht aus, um ein Elektron zu mobilisieren.

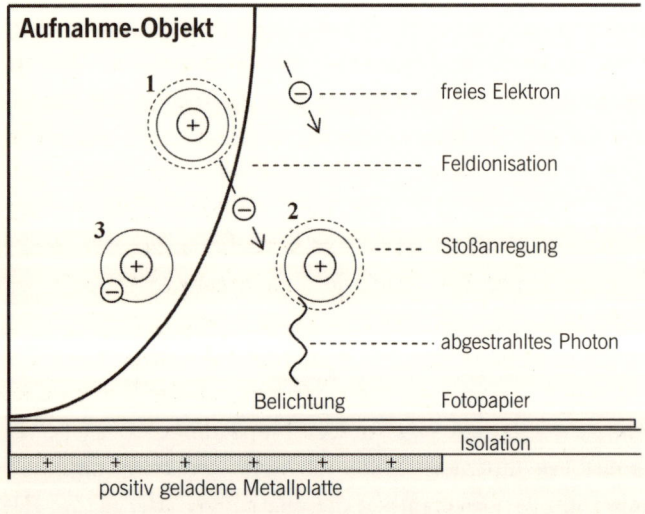

Abb. 2: Der Weg geladener Teilchen auf dem Weg durch die Luft zur Deckplatte eines Kirliangeräts

Um die Struktur der durch ein Kirlianbild aufgezeichneten Abstrahlungen noch besser zu verstehen und mit den Gegebenheiten im Aufnahmeobjekt in Verbindung zu bringen, sind noch weitere biophysikalische und quantenmechanische Kenntnisse erforderlich, die in den folgenden Kapiteln dieses Buches vertieft werden.

Bei den elektrischen Entladungen, die beim Kirlianeffekt auftreten, entstehen zu einem gewissen Prozentsatz nicht nur angeregte, sondern teilweise auch ionisierte Moleküle. Ionisiert bedeutet, dass einem Atom oder Molekül ein oder mehrere Elektronen abhanden gekommen sind (elektrisch positiv geladenes Ion), oder dass das Atom oder Molekül ein oder mehrere Elektronen zu viel besitzt (elektrisch negativ geladenes Ion). Sind viele Atome oder Moleküle eines Gases mehr oder weniger ionisiert, so spricht man von einem Plasma. Das Plasma wird häufig auch als der vierte Aggregatzustand bezeichnet, in Abgrenzung zum festen, flüssigen und gasförmigen Aggregatzustand eines Stoffes. Da in einem Plasma viel mehr elektrisch geladene Ionen vorhanden sind als in einem Gas, kann in dem Plasma auch viel mehr elektrische Ladung transportiert werden, und das ist nichts anderes als elektrischer Strom. Wird eine Kirlianaufnahme gemacht, so fließt typischerweise jedoch nur ein sehr kleiner Strom, etwa einige Millionstel Ampere, und das auch nur während der kurzen Belichtungszeit, die in der Regel einige Sekunden beträgt. Das sind Ladungsmengen, wie sie beispielsweise auftreten, wenn wir einen elektrostatisch aufgeladenen Pullover aus- oder anziehen und dabei das Knistern der einzelnen Mikroentladungen hören oder im Dunkeln sogar sehen können. Wir kennen das Phänomen auch von elektrostatisch aufgeladenen synthetischen Teppichen. Wenn wir auf einem solchen Teppich gelaufen sind und dann eine Türklinke berühren, kommt es in Sekundenbruchteilen zu einer elektrostatischen Entladung. Die ist um ein Zigfaches heftiger als die Mikroentladungen bei einer Kirlianaufnahme. Im Normalbetrieb eines Kirliangeräts besteht daher ebenso wie bei anderen elektrischen Geräten keine Gefahr, einen gefährlichen elektrischen Schlag zu bekommen. Mir ist in den vergangenen dreißig Jahren nicht ein einziger Fall zu Ohren gekommen, wo eine Person einen gefährlichen elektrischen Schlag bei einer Kirlianaufnahme bekommen hätte. Dennoch habe ich allen Geräteanbietern immer abgeraten, Aufnahmen mit ein Kirliangerät bei Personen mit elektrischen Implantaten, insbesondere Herzschrittmachern, zu machen.

KAPITEL II

Anwendungen des Kirlianeffekts im Westen und die energetische Terminalpunkt-Diagnose (ETD)

Schließlich gelangte in den 1970er-Jahren ein Teil des Wissens über den Kirlianeffekt, das man seit den 1930er-Jahren in der Sowjetunion gesammelt hatte, durch den Eisernen Vorhang in den Westen. Zumindest wurden die notwendigen Details bekannt, wie man die beim Kirlianeffekt auftretenden Leuchterscheinungen durch eine geeignete elektronische Schaltung erzeugen konnte. Daraufhin wurde 1978 die Kirlianfotografie in der damaligen UdSSR nun offiziell zum Staatsgeheimnis erklärt. Von den USA wurde bekannt, dass dort ebenfalls Wissenschaftler begannen, sich mit der Kirlianfotografie zu beschäftigen; insbesondere bei der Raumfahrtorganisation NASA soll dafür eigens eine eigene Abteilung geschaffen worden sein.

Besonders eifrig stürzten sich esoterisch interessierte Kreise von nun an auf diese Technologie. So erhoffte man sich doch, darüber eine Erklärung für das Übersinnliche, insbesondere für die menschliche Aura, zu finden. Und so wird heute noch von vielen Menschen die Aussage kolportiert, mit der Kirlianfotografie könne man die menschliche Aura sichtbar machen. Zum Teil wurde das Verfahren dann auch als Aurafotografie angepriesen, was der

Beurteilung der wissenschaftlichen Validität der Kirlianfotografie von Anfang an nicht besonders gut getan hat. Sogenannte Phantombilder, bei denen abgeschnittene Blattspitzen im Kirlianbild immer noch sichtbar blieben, mehrten den Mythos, dass mit der Kirlianfotografie ein Zugang zum Übersinnlichen gefunden worden sei. Bei ersten Untersuchungen in den frühen 1980er-Jahren kam ich jedoch zu dem Ergebnis, dass es sich dabei bestenfalls um einen Artefakt aufgrund schlampiger Probenpräparation handelt, unter Umständen sogar um einen bewussten Täuschungsversuch. In einem späteren Kapitel werde ich darauf noch näher eingehen.

Definiert man die menschliche Aura nicht als etwas Übersinnliches, sondern als die Summe der elektromagnetischen Abstrahlung eines Menschen, so kommt man der Sache schon etwas näher. Wie ich im letzten Kapitel erläutert habe, werden ja umso mehr elektrische Ladungsträger aus einem biologischen Objekt austreten, je mehr Atome oder Moleküle des Objekts sich bereits in angeregten Zuständen befinden. Und wenn Atome von ihrem angeregten Zustand in den Grundzustand zurückkehren, wird die überschüssige Energie in Form von elektromagnetischer Strahlung, also Photonen, freigesetzt. Insofern entstand nach dem Bekanntwerden der Kirlianfotografie sehr schnell auch ein Zusammenhang mit der Biophysik und insbesondere mit der in den 1980er-Jahren gerade begonnenen Biophotonenforschung. Einem Doktoranden des deutschen Physikers und damaligen Professors an der Universität Marburg, Fritz Albert Popp, war es als einem der Ersten gelungen, den Nachweis der Existenz der ultraschwachen Zellstrahlung zu erbringen, indem er hochempfindliche Messungen an Gurkenkeimen vornahm. Ziel dieses Forschungsvorhabens war es ursprünglich, die Existenz dieser Strahlung zu falsifizieren, also zu zeigen, dass sie eben nicht existiert. Stattdessen entpuppte sich diese Strahlung nicht etwa als das weiße Rauschen einer Chemolumineszenz, also dem Abfallprodukt chemischer Reaktionen, sondern diverse Biophysiker führten damals den experimentellen Nachweis, dass diese Strahlung sogar kohärent ist, also von hohem Ordnungsgrad, und wohl der elektromagnetischen Steuerung der Stoffwechselfunktionen von Zellbestandteilen dient.

Diese Erkenntnisse über die kohärente Natur der ultraschwachen Zellstrahlung lieferten ein starkes Argument für die Relevanz der bei der Kirlianfotografie messbaren Abstrahlungen und ihrem Zusammenhang mit Stoffwechselvorgängen im untersuchten Organismus. Die Biophysiker um Fritz Albert Popp und ihre Kollegen aus dem Ausland belegten nämlich durch zahlreiche wissenschaftliche Veröffentlichungen, dass pathogene, also krankhafte Veränderungen in der Zelle mit einer Störung oder Blockierung der entdeckten ultraschwachen Zellstrahlung einhergehen.

Der berühmte Mediziner Rudolf Virchow, der in der zweiten Hälfte des 19. Jahrhunderts die moderne Pathologie mitbegründete, erkannte bereits vor mehr als hundert Jahren: »Das Wesen einer Krankheit ist die pathogen veränderte Zelle«.

Hier liegt das größte Potenzial der Nutzung der Kirlianfotografie, nämlich bei seiner Anwendung in der Medizin. Die energetische und nicht rein materielle Sicht auf die Natur des Menschen ist der Medizin aber leider im Laufe ihrer Entwicklung immer mehr abhanden gekommen. Es bleibt zu hoffen – und es ist aus bio- und quantenphysikalischer Sicht auch zu erwarten –, dass sich dieser Trend in der Zukunft wieder umkehren wird, denn es ist längst klar geworden, dass durch chirurgische Eingriffe und die Verabreichung chemischer Substanzen allein das gesundheitliche Niveau des Menschen nicht anzuheben ist.

Nur wenige Anwender der Kirlianfotografie erlangten ab den 1980er-Jahren einen gewissen Bekanntheitsgrad, und einige von ihnen haben sich um die Weiterentwicklung der Kirlianfotografie in Technik und Anwendung verdient gemacht. Hierzu gehört der promovierte Physiker Dieter Knapp, der unter anderem eine metallbedampfte, transparente Hochspannungselektrode patentieren ließ und das von ihm erfundene Plasmaprint-Verfahren entwickelte, mit dem er farbige Kirlianaufnahmen schuf. Besonders bekannt wurde dieses Verfahren durch Bücher über die Homöopathie.

Eine Arbeitsgruppe des Fachbereichs Physik an der Technischen Universität Berlin untersuchte Ende der 1980er- bis Anfang der 1990er-Jahre mit einem selbstgebauten Gerät die Reproduzierbarkeit von Kirlianaufnahmen und den Einfluss verschiedener Parameter wie zum Beispiel der Frequenz der Hochspannung und der Belichtungszeit. Es wurden hauptsächlich Aufnahmen von Pflanzenblättern, Fingern und metallischen Gegenständen gefertigt. In ihrer Dokumentation kam die Arbeitsgruppe zu dem Ergebnis, dass bei den Fingeraufnahmen eine gute Reproduzierbarkeit erreicht werden konnte. So ließen sich jeweils für eine Person typische Bildstrukturen auch über Monate hinweg identifizieren und gezielt beeinflussen.

Insbesondere konnte die Arbeitsgruppe feststellen, dass unterschiedlicher Andruck beim Aufsetzen eines Fingers auf die Elektrode und eine Variation des Anstellwinkels (45°–60°) die Bildstrukturen nicht wesentlich verändern. Bei konstant gehaltenen Parametern ließen sich Aufnahmen von Fingern recht gut reproduzieren. Für die Kirlianfotografie von menschlichen Fingern konnten die Einflüsse der wesentlichen einfachen Parameter (Aufsetzwinkel und -andruck, Frequenz und Belichtungszeit) untersucht und kontrolliert und so standardisierte Aufnahmebedingungen ausgewählt werden, die eine hohe Reproduzierbarkeit sicherstellen.

In der Komplementärmedizin wurde der Heilpraktiker Peter Mandel bekannt durch seine Anwendung der Kirlianfotografie in der energetischen Diagnostik. Die von ihm entwickelte Energetische Terminalpunkt-Diagnose (ETD) kann aufgrund ihrer weiten Verbreitung und Akzeptanz als diagnostisches Standardverfahren betrachtet werden, das auf der Kirlianfotografie basiert. Daher möchte ich auf die Einzelheiten dieses Verfahrens besonders ausführlich eingehen.

Bei der ETD werden gleichzeitig alle Fingerspitzen beider Hände und danach gleichzeitig alle Zehenspitzen beider Füße mit einem Kirliangerät auf einem etwas mehr als DIN A4 großen Fotopositivpapier aufgezeichnet. Die Belichtungszeit beträgt dabei etwa 3 Sekunden für die Finger und 6 Sekunden für die Zehen. Die Aufnahme und nachfolgende Entwicklung erfolgt wie bei allen klassischen Aufnahmeverfahren unter Dunkelkammerbedingungen. Die Auswertung der Aufnahme nach den Regeln der ETD kann nur von einem mit dem Verfahren vertrauten und geschulten Heilpraktiker oder Arzt erfolgen. Daher wird die ETD für gewöhnlich in einer Praxis angewendet.

Das Verfahren greift auf empirische Erfahrungen der aus der Traditionellen Chinesischen Medizin (TCM) bekannten Akupunkturlehre zurück. Dabei wird von der Annahme ausgegangen, dass der menschliche Körper von mehreren sogenannten Meridianen durchzogen wird, deren Endpunkte jeweils an den Finger- und Zehenspitzen enden. Deshalb werden diese als Terminalpunkte bezeichnet. Es sollen aber auch Querverbindungen zwischen den Meridianen existieren. Die Funktion der Meridiane ist die von Energiekanälen, die das sogenannte Chi, eine Art Lebensenergie, in den Organen des Körpers verteilen. Das Chi tritt in Form zweier Polaritäten auf, die als Yin und Yang bezeichnet werden.

Vor diesem Hintergrund soll gemäß der ETD eine wie oben beschriebene Kirlianaufnahme weiteren Aufschluss über die energetische Verteilung der Chi-Energie geben. Bei der ETD wird jedoch nicht nur die Verteilung der Energie anhand der Intensität der Abstrahlungen an den einzelnen Terminalpunkten berücksichtigt, sondern auch die Qualität der Abstrahlungen selbst. Die ETD macht dabei keine Aussagen über die physikalische Beschaffenheit der Abstrahlung, sondern liefert eine rein phänomenologische Beschreibung. In der ETD werden grundsätzlich drei voneinander abgrenzbare Strahlungsqualitäten unterschieden, wobei durchaus fließende Übergänge zwischen diesen existieren.

Die erste Strahlungsqualität wird als Normalstrahlung oder endokrine Strahlungsqualität bezeichnet. Sie lässt sich im Kirlianbild an feinen, büschelartigen Entladungskanälen erkennen, die radial vom jeweiligen Terminalpunkt fortweisen. Diese Art der Abstrahlung wird, je harmonischer sie um einen Terminalpunkt verteilt ist, mit einem gesunden Zustand des Organismus in Verbindung gebracht.

Die zweite Strahlungsqualität wird als toxische Strahlungsqualität bezeichnet. Im Kirlianbild erkennt man sie an punktförmigen Verdichtungen der Abstrahlungen, und ihr wird bei der Auswertung umso mehr Aufmerksamkeit geschenkt, je weiter diese Verdichtungen vom inneren Strahlenkranz eines Terminalpunkts nach außen abgerückt sind. Diese Strahlungsqualität tritt besonders bei entzündlichen Prozessen auf. Das kann ein lokales Herdgeschehen sein, wenn also in einem bestimmten Organ oder in einer bestimmten Körperzone ein entzündlicher Prozess im Gange ist, oder aber wenn im ganzen Körper toxische Stoffe über die Körperflüssigkeiten, also Lymphe oder Blut, zirkulieren. Im letzteren Fall findet man diese Strahlungsqualität an fast sämtlichen Terminalpunkten wahllos über alle Sektoren verteilt. Toxische Strahlungsqualität kann auch durch eine virale Belastung beziehungsweise durch eine Infektion verursacht sein.

Ebenso können sich Vergiftungen durch Chemikalien aller Art im Kirlianbild durch die toxische Strahlungsqualität bemerkbar machen. Wie sehr sich bestimmte Belastungen spezifisch erkennen lassen, ist unter den Anwendern der ETD allerdings umstritten.

Die dritte Strahlungsqualität wird als degenerative Strahlungsqualität bezeichnet. Vom Erscheinungsbild her ist es eine oft kräftige, jedoch völlig strukturlose Abstrahlung. Sie wird in der ETD als energetische Starre und Re-

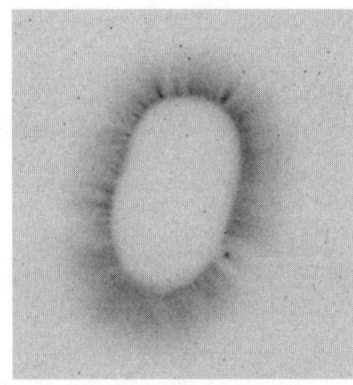

Abb. 3: Die drei Strahlungsqualitäten im Kirlianbild nach der Energetischen Terminalpunkt-Diagnose (ETD) am Beispiel eines Fingers

a) Normalstrahlung bzw. endokrine Strahlungsqualität

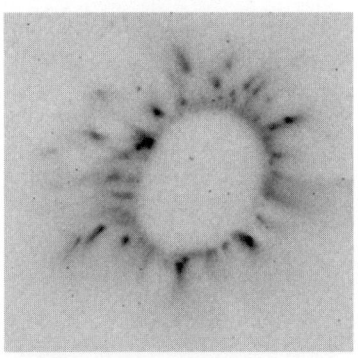

b) Toxische Strahlungsqualität

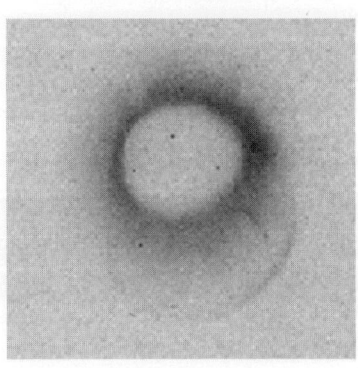

c) Degenerative Strahlungsqualität

gulationsunfähigkeit ausgedeutet und ist für Anwender häufig ein Indiz für schwere Stoffwechselstörungen oder Erkrankungen. Besonders häufig tritt sie auf, wenn der Körper stark übersäuert und von Stoffwechselabfallstoffen überschwemmt ist.

Die ETD an sich ist keine Therapie, sondern kann als therapiebegleitendes diagnostisches Werkzeug verwendet werden. Sie setzt nicht voraus, dass der Heilkundige die Akupunkturlehre anwendet, denn sie eignet sich hervorragend zur Therapiekontrolle auch bei vielen anderen therapeutischen Verfahren wie zum Beispiel Regulationstherapien, Bioresonanzverfahren, Homöopathie, Lichttherapie, Massagen, Physiotherapie, Cranio-Sacraler Therapie und Kuren mit basischen Mineralien.

Aus Sicht der ETD sollte es das Ziel einer wie auch immer gearteten Therapie sein, die Strahlungsqualität von der degenerativen in Richtung zur toxischen und von dieser in Richtung zur endokrinen beziehungsweise Normalstrahlung zu transformieren.

Die ETD liefert auch eine Beschreibung diverser Einzelphänomene, die in einem Kirlianbild der Terminalpunkte auftreten können.

Auf manchen Bildern von Fingerspitzen erkennt man, dass manche Entladungskanäle, die sich im Kirlianbild abzeichnen, nicht radial nach außen verlaufen, sondern auf gekrümmten Bahnen zur Fingerkuppe hin gebogen sind. Solche Phänomene bezeichnete Mandel in seiner ETD als »Krampfkrallen«, andere ringförmig um die Fingerspitzen verlaufende Entladungskanäle benannte er als »Stressringe«. Manchmal treten in Kirlianbildern eines Terminalpunkts Abstrahlungen auf, bei denen der Schatten der Fin-

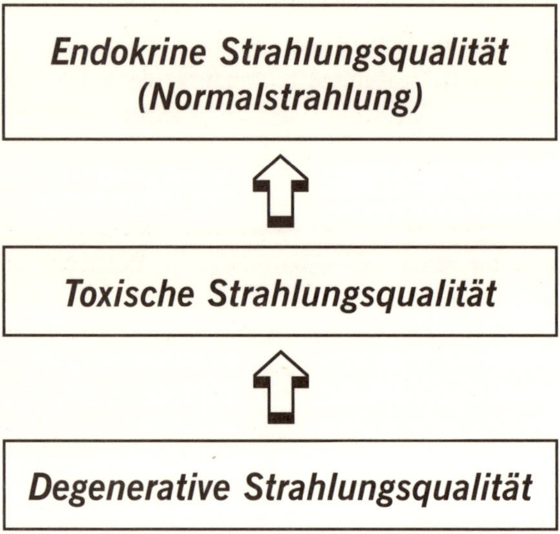

**Endokrine Strahlungsqualität
(Normalstrahlung)**

Toxische Strahlungsqualität

Degenerative Strahlungsqualität

Abb. 4: Optimaler Therapiepfad nach der Energetischen Terminalpunkt-Diagnose (ETD)

ger- oder Zehenspitze nicht zu erkennen ist, sondern das Bild vollständig mit Abstrahlungen aufgefüllt ist. Da dieses Phänomen nur bei degenerativer Strahlungsqualität auftritt, werden diese Arten der Abstrahlung als degenerative Plaques bezeichnet.

Auf vielen Kirlianbildern der Finger- und Zehenspitzen sind auch Lücken in den Abstrahlungen zu erkennen, die natürlich auch energetisch interpretiert werden und mit Energiemangel in Verbindung gebracht werden können.

Auf der Basis von vielen tausend Patientenaufnahmen haben sich auf empirischem Weg Energie-Organ-Beziehungen herauskristallisiert. So zeigt sich der energetische Zustand eines Organs vorzugsweise in einem bestimmten Sektor der Abstrahlung eines Fingers oder Zehs. Die daraus ermittelte Zuordnung der Organe oder Körperbereiche zu bestimmten Meridianen beziehungsweise Terminalpunkten wird in der ETD als *Energie-Organ-Beziehung* bezeichnet. Damit wird es möglich, die energetische Situation eines Organs im Kirlianbild zu lokalisieren und zu charakterisieren.

Für die Anwender unbefriedigend ist der Dunkelkammeraufwand, der mit den klassischen Kirliangeräten betrieben werden muss, um eine ETD bei einem Patienten zu erstellen. Erst die Entwicklung der digitalen Bildaufzeichnung sollte daran etwas ändern, worüber im nächsten Kapitel berichtet wird.

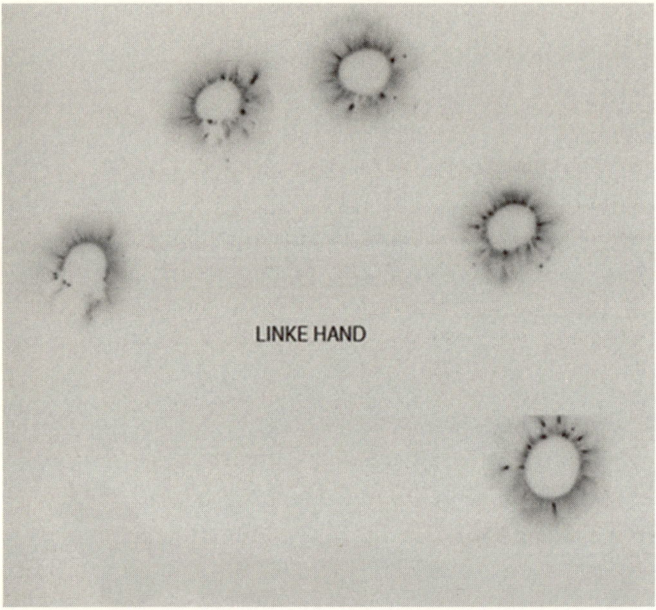

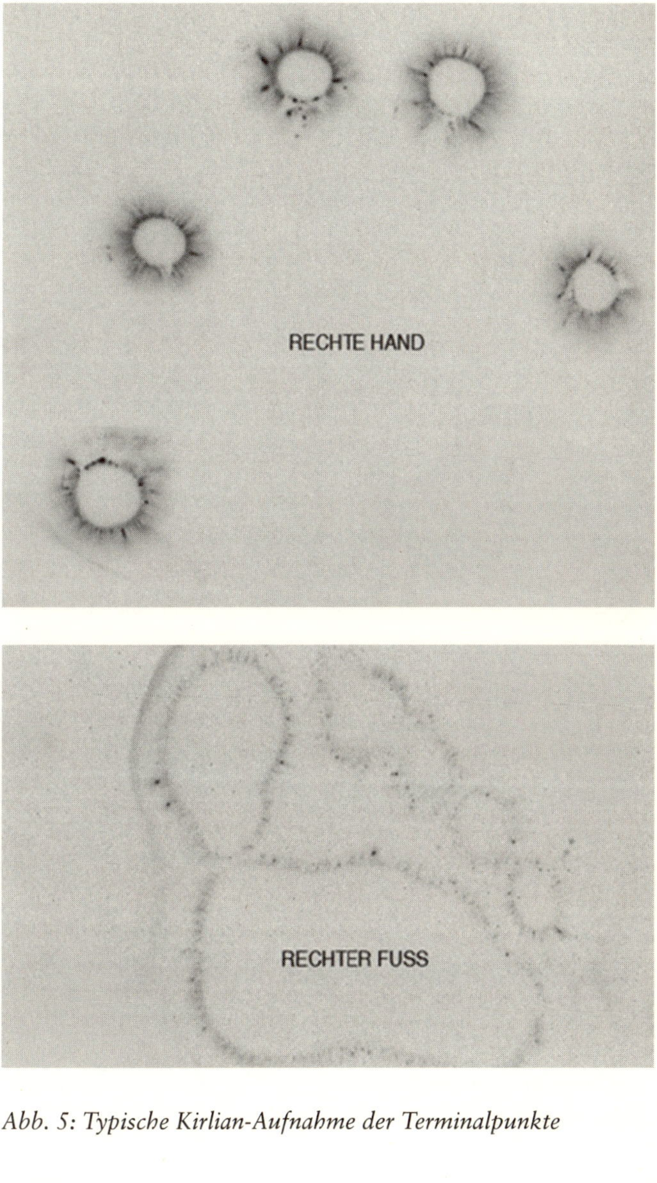

Abb. 5: Typische Kirlian-Aufnahme der Terminalpunkte

KAPITEL III

Erste persönliche Erfahrungen mit dem Kirlianeffekt

In den 1970er-Jahren stand ich am Anfang meines Physik- und Mathematikstudiums in Münster in Nordrhein-Westfalen. Zu diesem Studium führte mich jedoch ursprünglich meine Begeisterung für die Astronomie, denn die Welt der Gestirne offenbart dem Menschen eine geheimnisvolle innere Harmonie und Ordnung, die mich seit jeher faszinierte.

So feierte die klassische Mechanik als fundamentales Teilgebiet der Physik im 17. Jahrhundert mit der Formulierung des Gravitationsgesetzes durch Isaac Newton ihre ersten großen Erfolge bei der Beschreibung der Bewegungsabläufe der Gestirne, so wie sie mit damaligen Beobachtungsinstrumenten überprüfbar waren. Alles, was wir bisher über die Beschaffenheit der Gestirne herausgefunden haben, stammt schließlich von der Analyse des Lichts, das von ihnen abgestrahlt oder reflektiert wird. Die Fernrohre, die die Menschen im Laufe der Jahrhunderte immer mehr verbesserten und vergrößerten, dienen folglich in erster Linie als Lichtsammler.

Dann erklomm die Physik im 19. Jahrhundert erneut einen Gipfel der Erkenntnis, als ihre Gelehrten die Natur des Lichts entschlüsselten und das sichtbare Licht als einen kleinen Ausschnitt aus dem Spektrum der elektromagnetischen Wellen erkannten. Parallel zu dieser Entdeckung machte die Physik ebensolche Fortschritte bei der Erklärung und Nutzung elektrischer und magnetischer Phänomene, und so formierte sich die klassische Elektrodynamik als weiteres wichtiges Teilgebiet der Physik und mehrte ihren Ruf als Königin der Naturwissenschaften.

Besonders in den ersten Semestern eines Physikstudiums stehen diese beiden Teildisziplinen der Physik – Mechanik und Elektrodynamik – im Mittelpunkt der Lehrinhalte, und jeder halbwegs engagierte Physikstudent blickt mit großer Ehrfurcht und Erstaunen auf die Möglichkeiten, die sich dadurch für eine exakte Naturbeschreibung bieten.

Eigentlich befasst sich die Physik, insbesondere die klassische Physik, nur mit Objekten der unbelebten Natur. Das ändert sich zunächst auch nicht, wenn man die modernen Zweige und Erweiterungen der Physik im Studium vertieft, insbesondere die Relativitätstheorie Einsteins und die Atomphysik sowie die zu ihrer Formulierung unerlässliche Quantenmechanik.

Nach dem näheren Kennenlernen der modernen Physik erschien es mir aber als geradezu dilettantisch, dass es in der etablierten Wissenschaft hauptsächlich den Disziplinen der Biologie, Medizin und Chemie überlassen wurde, die Natur und die Gesetzmäßigkeiten des Lebens zu erforschen. Zur Erforschung der Beschaffenheit von Gestirnen wurden zum Zeitpunkt meines Studiums schon längst auch andere Bereiche des elektromagnetischen Spektrums untersucht als nur der Bereich des sichtbaren

Lichts. Längst hatte auch die Radioastronomie als neues Teilgebiet der Astronomie ihren Siegeszug angetreten, denn schon am Ende des Zweiten Weltkriegs entdeckten englische Radartechniker, dass auch Gestirne, insbesondere die Sonne, auf vielen Frequenzen der elektromagnetischen Wellen Energie abstrahlen und dass man diese Signale natürlich auch beobachten und analysieren konnte, genauso wie das sichtbare Licht. Es wirkte auf mich wie ein Tabu der modernen Physik, sich der Erforschung des Lebenden zu enthalten, obwohl sie doch bereits den tiefsten Blick in den Aufbau der Materie geworfen hatte und wie keine andere Naturwissenschaft über die erforderlichen Modellvorstellungen und wissenschaftlichen Gerätschaften verfügte, mit denen man auch dort mehr Erkenntnis über das Dickicht des unbekannten Lebens erlangen konnte.

In den höheren Semestern war es im Studiengang der Physik an meiner Universität auch üblich, sich als Student ein Wahlfach auszusuchen, das vielleicht am ehesten den eigenen Neigungen und der späteren Ausrichtung im Beruf entgegenkam. So fiel meine Wahl zunächst wieder auf die Astronomie, wie es meiner ursprünglichen Liebe zu ihr und dem Interesse an dieser Wissenschaft entsprach. Doch bald stellte sich heraus, dass die Astronomie innerhalb des Fachbereichs Physik an meiner Uni für mich nicht so attraktiv war, wie ich es mir anfangs erhofft hatte. Aber es ergab sich für mich noch eine Alternative.

Neben dem Studium jobbte ich in einem Krankenhaus, in dem ich zuvor meinen Zivildienst geleistet hatte. Während dieser Zeit hatte ich mir einen guten Einblick in dessen diverse klinische Abteilungen verschaffen können, und so bot sich mir an, die dort gesammelten Erfahrungen auch in mein Studium der Physik einzubringen und nach Synergie-Effekten zu suchen.

So wechselte ich mein Wahlfach und entschied mich schließlich für die Medizinische Physik. Dies erwies sich als eine sehr positive Entscheidung, denn das Institut für Medizinische Physik galt unter den fortgeschrittenen Physikstudenten als Geheimtipp, da es damals über eine hochmoderne instrumentelle Ausstattung verfügte. Insbesondere auf dem Gebiet der Elektronenmikroskopie und der atomaren Mikroanalyse biologischer Proben galt sein damaliger Institutsleiter, Prof. Gerhard Pfefferkorn, als eine internationale Koryphäe seines Fachs, der in jungen Jahren als Assistent bei dem berühmten Max von Ardenne in Berlin gearbeitet hatte. Von diesem Mann konnte man also viel lernen.

Zu dieser Zeit war für mich noch nicht klar, welche berufliche Laufbahn und Richtung ich später als Physiker einschlagen würde, aber das Geheimnis des Lebens weiter zu ergründen und zu erforschen, war für mich von großem Interesse. Besonders interessierten mich physikalische Messungen, mit denen sich die Vitalität und die psychische Verfassung von Lebewesen charakterisieren ließen. Ich vermutete bereits damals, dass die elektrischen und elektromagnetischen Eigenschaften des Menschen in besonderer Weise mit seinen vitalen Funktionen und dessen Bewusstsein in Verbindung stünden.

Da ich im universitären Umfeld damals keine Möglichkeiten hatte, diesen Dingen weiter auf den Grund zu gehen, um meine Neugierde an diesen Themen zu stillen, entschloss ich mich, zu Hause ein kleines Labor einzurichten, um zunächst elektrische Messungen an Pflanzen vorzunehmen. Natürlich waren meine finanziellen Mittel als Student begrenzt, und für die Anschaffung teurer Messgeräte hatte ich kein Geld. Zu jener Zeit verfügte ich jedoch schon über gute Grundkenntnisse der Elektronik, und so stellte ich meine ersten elektronischen Schaltungen, Netzteile und Messgeräte selbst her. Ein alter Schwarz-Weiß-Fernseher wurde kurzerhand zum Oszilloskop umgebaut, und da ich zum Verwaltungsleiter des Krankenhauses, in dem ich jobbte, einen guten Draht hatte, konnte ich auch mal ein altes ausgemustertes EKG-Gerät, das noch voll funktionsfähig war, sowie weitere interessante Gerätschaften meiner Laborausrüstung zuführen.

So begann ich mit ersten elektrischen Messungen an Zimmerpflanzen und stellte zu meiner Verblüffung fest, dass sie sehr empfindlich auf Personen reagierten, die sich ihnen näherten. An dem Signalverlauf, den mein umfunktioniertes EKG-Gerät aufzeichnete, konnte ich sogar Unterschiede in der elektrischen Reaktion der Pflanzen auf verschiedene Menschen feststellen. Für diese Messungen musste ich auch noch einen großen Faraday'schen Käfig aus Drahtgittern bauen, um die allgegenwärtigen Störsignale des elektrischen Hausnetzes abschirmen zu können. Denn jede Steckdose, jeder Lichtschalter und jede Deckenleuchte und sogar die unter Putz verlegten Stromkabel strahlen den berüchtigten 50-Hertz-Brumm ab, der sich bei empfindlichen elektrischen Messungen störend bemerkbar macht.

Irgendwann zu dieser Zeit, etwa zwischen 1980 und 1981, wurde ich auf den Kirlianeffekt aufmerksam. In einem abgedunkelten Raum konnte man mit einem Kirliangerät blass-bläuliche Abstrahlungen an Gegenständen beobachten. Bei anorganischen, jedoch elektrisch leitfähigen Gegenständen waren diese Abstrahlungen stets gleichbleibend und unveränderlich, aber sobald man seine Hand auf die Deckplatte eines solchen Geräts legte, bemerkte man Veränderungen der Abstrahlungen, die scheinbar von der Tagesform oder der Stimmung der jeweiligen Testperson abhängig waren. Ich war buchstäblich elektrisiert, als ich erste Erfahrungen mit dieser Technik machte. Ermöglicht wurden mir diese Versuche durch einen Bekannten, der mir für einige Zeit sein Kirliangerät aus niederländischer Herkunft zur Verfügung stellte. Überdies konnte man schon damals diese Leuchterscheinungen auf einem Schwarz-Weiß-Fotopositivpapier aufzeichnen, indem man es zwischen das zu untersuchende Objekt und die Deckplatte des Kirliangeräts legte. Sodann wurde das Papier für einige Sekunden unter Dunkelkammerbedingungen belichtet und danach in üblicher Weise entwickelt, fixiert und getrocknet. Noch aus meiner Schulzeit verfügte ich über die nötige Fotolaborausrüstung, um erste ausgedehnte Versuche damit anzustellen. Diverse Modelle von Kirliangeräten waren damals bereits käuflich zu erwerben.

Das Thema »Kirlianfotografie« erlangte damals eine gewisse Popularität, denn es erschienen hier und da einmal interessante Artikel darüber in bekannten Magazinen.

Schließlich wurde sogar eine elektronische Schaltung zum Nachbau eines Kirliangeräts in der Elektronik-Zeitschrift »Elektor« veröffentlicht, und genau das war die Herausforderung, auf die ich gewartet hatte, denn jetzt war es ein Leichtes, ein eigenes Gerät zu bauen. Um die dabei entstehende Hochspannung nach außen abzuschirmen, verwendete ich ein Gehäuse aus im Handel zugeschnittenen Acrylglasplatten, durch die das Innere meines Kirliangeräts nach außen hin sichtbar blieb.

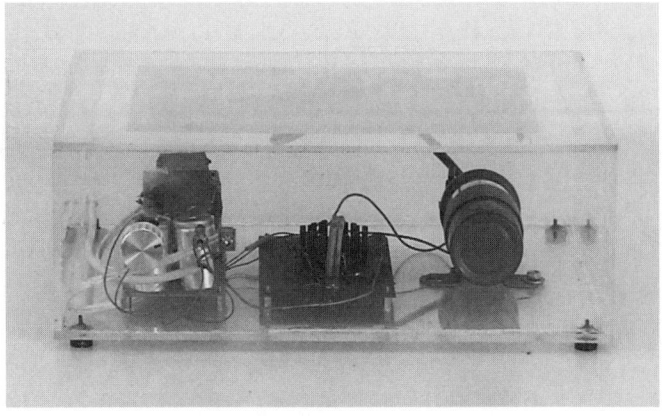

Abb. 6: Erster Selbstbau Anfang der 1980er-Jahre

Auf der Abbildung 6 erkennt man das Gehäuse aus Acrylglas. Darin befindet sich die Platine der elektronischen Schaltung. Sie enthält ein Netzteil, das die Netzspannung in eine Gleichspannung umwandelt. Aus dieser erzeugt eine Hochfrequenzschaltung ein Signal, das dann durch eine Zündspule, die als Tesla-Generator fungiert, in die gewünschte gepulste Hochspannung transformiert wird. Ein Hochspannungskabel verbindet die Zündspule mit einer flächigen Metallelektrode aus Aluminiumblech, die unter der Deckplatte des Gehäuses angebracht ist.

Das Gerät hatte ich bis Ende der 1980er-Jahre im praktischen Einsatz, und es existiert heute noch als privates

Museumsstück. Zunächst beschränkten sich meine Experimente auf die Untersuchung von Pflanzenblättern. Besonders faszinierte mich der sogenannte Phantombild-Effekt. In der Literatur kursierten damals mysteriöse Kirlianbilder von Pflanzenblättern. Die Aufnahmen zeigten die Abstrahlung eines unversehrten Blattes, obwohl vor der Aufnahme ein Teil des Blattes abgeschnitten wurde. Die esoterischen Erklärungsversuche beeindruckten mich nicht sonderlich, aber das Phänomen des Phantombilds zog meine wissenschaftliche Neugierde auf sich. Nach einigen Versuchen gelang es mir dann schließlich auch, solche »Phantombilder« zu reproduzieren, allerdings entpuppte sich dieser Effekt als Artefakt. Wenn man das Blatt nämlich im unversehrten Zustand auf das zu belichtende Fotopapier legt, werden sich die wässrigen Umrisse des Blatts unter bestimmten Luftfeuchtigkeitsbedingungen auf dem Fotopapier niederschlagen. Schneidet man dann mit einem scharfen Teppichmesser einen Teil des Blatts ab, ohne die Position des Blatts zu verändern, entsteht dann bei der Belichtung das ominöse Phantombild, denn die auf dem Fotopositiv niedergeschlagene Blattflüssigkeit ist elektrisch leitfähig und führt zur Belichtung des Fotopapiers. Also nichts weiter als ein geschickter Taschenspielertrick.

Nach diesen ersten Erfahrungen rückten dann menschliche Testpersonen in den Vordergrund meines Interesses. Im Jahr 1981 wurde ich auf die bereits im vorigen Kapitel vorgestellte Energetische Terminalpunkt-Diagnose von Peter Mandel aufmerksam. Es war für mich sehr beeindruckend, dass man auf empirischem Weg herausfinden konnte, dass die Abstrahlungen an den Finger- und/oder Zehenspitzen eines Patienten mit den Organen im Körperinneren korrelierten. Dadurch wurden natürlich bei mir jede Menge weitere Fragen aufgeworfen, zu deren Beantwortung ein tieferes Verständnis der elektromagnetischen Verhältnisse im Inneren des menschlichen Körpers notwendig war. Ab 1982 rückte jedoch der Zeitpunkt meiner theoretischen Diplomprüfung näher, und aufgrund der nun anstehenden Prüfungsvorbereitung hatte ich erst einmal keine weitere Zeit dafür übrig, mich mit diesen Fragen auseinanderzusetzen.

Nach meiner theoretischen Diplomprüfung war für mich eine weitere Entscheidung zu treffen. In welchem Institut und bei welchem Professor und über welches Thema sollte ich meine praktische Diplomarbeit schreiben? In dieser Abschlussphase des Physikstudiums soll der Studierende durch die Bearbeitung eines physikalischen Sachthemas seine Fähigkeit unter Beweis stellen, die im Studium erworbenen Kenntnisse einzusetzen. Dies geschieht, indem er zum Beispiel experimentelle Vorrichtungen aufbaut, damit Versuchsreihen durchführt, die Ergebnisse auswertet, daraus Modellvorstellungen entwickelt und diese, soweit möglich, in mathematische Formeln kleidet.

Meine Wahl fiel schließlich auf das Institut für angewandte Physik und darin auf die Abteilung des damaligen Privatdozenten Dr. Kassing, der später eine Professur an der Universität Kassel bekleidete und dort langjährig das Institut für Technische Physik leitete. Seine Abteilung in Münster beschäftigte sich mit Fragenstellungen aus dem Gebiet der Halbleiterphysik. Unter Halbleiter versteht man in der Festkörperphysik Stoffe wie Silizium, die bezüglich ihrer elektrischen Eigenschaften eine Mittelstellung zwischen elektrischen Leitern und Isolatoren einnehmen. In der Mikroelektronik sind diese Halbleiter von herausragender Bedeutung. Das Institut war besonders kompetent bei der Nutzung von Mikroprozessoren, denn damals befand sich die Computertechnologie in einer revolutionären Entstehungsphase, und die ersten Heimcomputer kamen auf den Markt. Durch die Vermittlung von Herrn Kassing kam ich so Anfang 1984 zur Siemens AG nach München, wo ich zunächst an meiner Diplomarbeit und später an der Promotion zum Dr. rer. nat. arbeitete. Dort beschäftigte ich mich mit der Entwicklung mikroelektronischer Schaltungen, insbesondere in Speicherchips. Dabei spielen auch Quanteneffekte eine nicht zu unterschätzende Rolle. Ich entwickelte ein Designmodell, mit dem man das elektrische Verhalten von Bauelementen auf einem Mikrochip simulieren konnte. Durch solche Simulationen wurde damals wertvolle Zeit bei der Entwicklung neuer Speicherchips eingespart.

Mitte der 1980er-Jahre, als ich noch mit meiner Promotion beschäftigt war, befasste ich mich privat nebenbei wieder mit der Kirlianfotografie. In meiner Wohnung in München erweiterte ich meine Aufnahmemöglichkeiten auch auf Farbpositivpapiere. In dieser Zeit unternahm ich einen intensiven persönlichen Transformationsprozess, der mehrere Lebensbereiche betraf. Ich intensivierte meine meditative Seite, was zu einer starken Entfaltung meines Energiesystems führte. Dazu hat auch eine Umstellung meiner Essgewohnheiten beigetragen, denn seit dieser Zeit esse ich kein Fleisch mehr und habe in den zurückliegenden Jahrzehnten Varianten der vegetarischen Ernährung meist über Zeiträume von mehreren Jahren für mich ausprobiert.

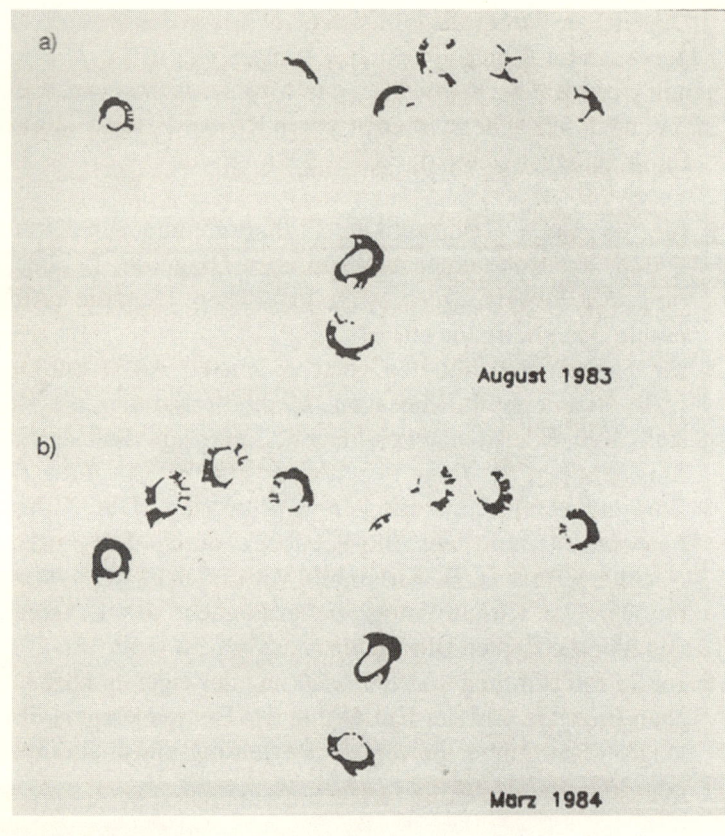

Abb. 7: Dokumentation eines spirituellen Transformationsprozesses

Vom Lacto-Vegetarier entwickelte ich mich weiter zum Veganer – mit wachsendem Wohlfühleffekt. Ich flankierte jeden Übergang in eine neue Ernährungsphase mit diversen Fastenkuren. Schließlich habe ich dann auch noch eine längere kochtopflose Phase als Rohköstler durchgemacht.

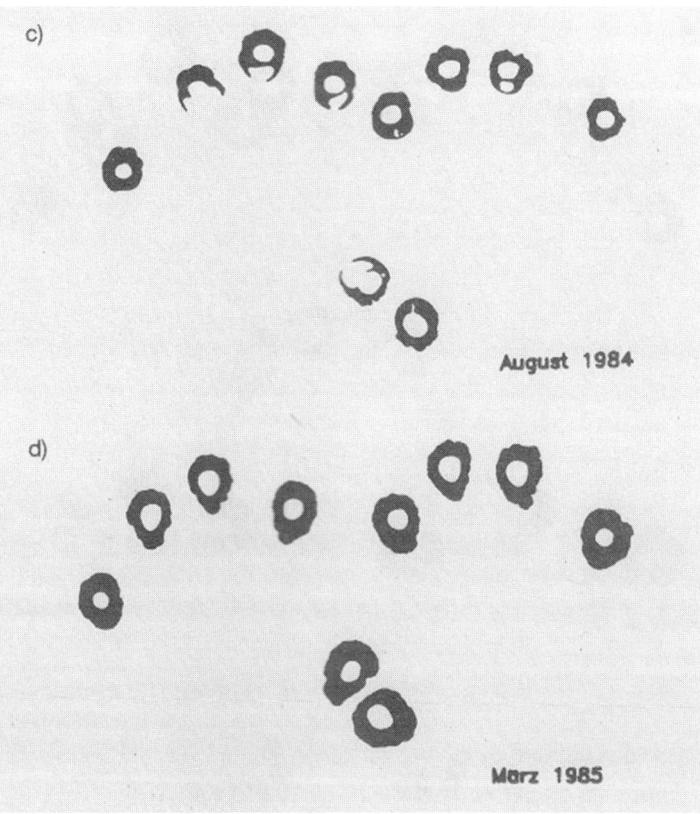

Das brachte für mich einen deutlich spürbaren körperlichen Verjüngungseffekt mit sich. Seit dreißig Jahren ernähre ich mich nun völlig fleischlos und kann keinerlei Mangelerscheinungen oder sonstige Einschränkungen feststellen.

Die intensivste Entfaltungsphase meiner spirituellen Transformation dokumentierte ich mit der Kirlianfotografie. Das spielte sich zeitlich zwischen August 1983 und März 1985 ab. 1983 war ich noch in Münster, und seit Anfang 1984 lebte ich in München. Durch effektive Methoden gelang mir eine enorme Steigerung der den Körper durchströmenden Energie, die sich auf den Aufnahmen der Abbildung 7 widerspiegelt. Außergewöhnliche spirituelle Erfahrungen mehrten sich in dieser Zeit in meinem Leben. Ich bekam immer mehr Zugang auch zu tief in meiner Seele verborgenen Erinnerungen. Reinkarnationerfahrungen häuften sich in dieser Zeit, und ihre Relevanz wurde mir zu einer persönlichen Gewissenheit. In Bezug auf die Existenz des menschlichen Chakrensystems verhielt es sich genauso. Mein individuelles Erleben des Energieanstiegs führte zu einer nachhaltigen Manifestation eines ununterbrochenen Glückszustands in mir. Dieser wurde durch das starke Empfinden der nicht mehr versiegen wollenden Energieströme ermöglicht und war messbar! Seitdem ist es mir möglich, zeitlich beliebig ausgedehnte Phasen reinen Bewusstseins zu erfahren, in denen mein Denkprozess vollständig zur Ruhe kommt. In diesem Zustand, der frei von jeglichem Denkprozess ist, gelingt es mir, eine starke und ständig stark spürbare Energieströmung in meinem Körper wahrzunehmen. Seit dieser Zeit kann ich bei mir konstant geschlossene Strahlenkoronae an den Terminalpunkten, also den Finger- und Zehenspitzen, messen.

Diese Erfahrung prägte die zurückliegenden dreißig Jahre meines Lebens seit dem Ende meines Studiums und geht auch einher mit einem hohen Gesundheitsniveau. Arztbesuche haben daher Seltenheitswert für mich.

Die körperorientierten und geistig-seelischen Methoden, die bei mir zu einer nachhaltigen Entfaltung meines Energiesystems führten, habe ich vor einigen Jahren in dem Büchlein *Der kleine Quantentempel*, erschienen im Scorpio-Verlag, beschrieben. Seit vielen Jahren vermittle ich diese Methoden vor allem an Menschen aus Heilberufen – unter ihnen sind Ärzte, Heilpraktiker – sowie an interessierte Laien. Sie absolvieren die von mir veranstalteten Weiterbildungsseminare in *Quantenpraxis*®.

Besonders interessierte mich von nun an, wie man diese Vorgänge, die ich am eigenen Geist und Leib erfuhr, durch physikalische Modelle beschreiben könnte. Angesichts der mir vorliegenden Ergebnisse von Messungen zeichnete sich für mich immer mehr die Erkenntnis ab, dass die Intensität und Qualität von Kirlianfotografien der Terminalpunkte mit der Vitalität und der Bewusstseinsqualität der untersuchten Person in Verbindung steht. Folglich muss der Gesundheits- und Bewusstseinszustand eines Menschen mit seiner elektrischen Leitfähigkeit und daher mit der Verteilung elektrisch positiver und negativer Ladungen in seinem Körper zusammenhängen.

Daher stand auch die Frage im Raum, ob sich die einzelnen Strahlungsphänomene, die man immer wieder in Kirlianfotografien vorfindet, bestimmten Ladungspolaritäten, also elektrisch positiven oder negativen Ladungsträgern, zuordnen lassen. Denn das war eine Grundvoraussetzung dafür, physikalisch basierte Modelle des Kirlianeffekts zu erstellen. Gab es eine plausible physikalische Erklärung für die von Peter Mandel in seiner Energetischen Terminalpunkt-Diagnose (ETD) phänomenologisch beschriebene Normalstrahlung und auch für die toxische und degenerative Strahlungsqualität? Dazu war es notwendig, sich zunächst einmal den genauen zeitlichen Verlauf eines Hochspannungssignals bei einem Kirlian-gerät anzuschauen. Denn daraus kann man auf die Laufrichtung der Ladungsträger auf ihrem Weg durch die Luft vom Aufnahmeobjekt zur Hochspannungselektrode schließen.

Mit Hilfe eines Oszilloskops lässt sich der zeitliche Verlauf der Hochspannung an der Elektrode gut aufzeichnen. Üblicherweise erzeugen Kirliangeräte an der Hochspannungselektrode ein sogenanntes Wechselfeld. Dabei werden von der elektronischen Schaltung des Hochspannungsgenerators zwar zeitlich scharf begrenzte Spannungs-Peaks oder -flanken erzeugt, doch diese Signale

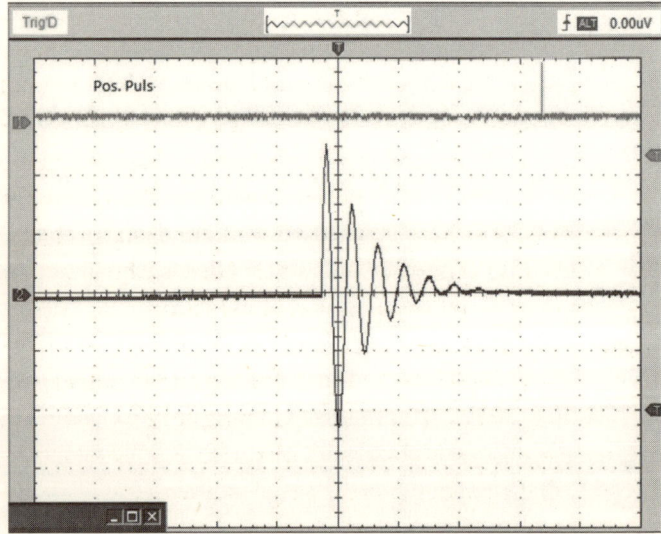

Abb. 8: Hochspannungssignal eines Kirliangeräts

werden durch Induktion und Gegeninduktion in dem Teslagenerator zu einer sinusförmigen, exponentiell abklingenden Kurve verzerrt und gelangen erst dann zur Hochspannungselektrode. Dadurch entsteht an ihr ein ständig die Polarität wechselndes elektrisches Feld, in dem geladene Teilchen mal vom Objekt zur Elektrode und dann von der Elektrode zum Objekt hin beschleunigt werden.

In Abbildung 8 ist der typische Verlauf des Hochspannungssignals dargestellt. Wenn ein elektrisch positiver Hochspannungspuls an der Elektrode anliegt, werden zu ihr hin elektrisch negativ geladene Teilchen, die aus dem Aufnahmeobjekt austreten, beschleunigt und über die bereits beschriebenen Stoßanregungsprozesse Leuchtspuren in der Luft erzeugen. Liegt hingegen ein elektrisch negativer Hochspannungspuls an der Elektrode an, so werden zu ihr hin positiv geladene Teilchen beschleunigt, die aus dem Aufnahmeobjekt austreten und entsprechende Leuchtspuren erzeugen. Normalerweise wechseln sich positive und negative Pulse an der Elektrode ständig ab, wie die Abbildung 8 zeigt. Daher sind in einem normalen Kirlianbild die Leuchtspuren elektrisch positiver und negativer Ladungen überlagert. Baut man jedoch zwischen der Teslaspule und der Hochspannungselektrode einen Gleichrichter ein, so kann man dadurch je nach Durchlassrichtung des Gleichrichters erreichen, dass jeweils nur die elektrisch positiven oder nur die negativen Spannungspulse zur Elektrode gelangen. Dies habe ich mit hochspannungsfesten Gasdioden realisieren können. Dadurch lassen sich Kirlianbilder erzeugen, die entweder nur die Leuchtspuren elektrisch negativ geladener Teilchen oder nur die Leuchtspuren elektrisch positiv geladener Teilchen aufzeichnen. Mit Hilfe der

Gleichrichtung der Hochspannungspulse ist es mir gelungen, die aus der ETD bekannten Strahlungsqualitäten eindeutig elektrischen Ladungsträgern bestimmter Polarität zuzuordnen. Die Ergebnisse sind dabei keineswegs eine Überraschung, sondern bestätigen die Erfahrung Heilkundiger in Bezug auf die Rolle von elektrischen Ladungsträgern in einem biologischen Organismus.

So stellte sich heraus, dass die bei der Normalstrahlung auftretenden feinen, büschelartigen und besonders langen Entladungskanäle sich eindeutig den elektrisch negativ geladenen Elektronen zuordnen lassen. Normalstrahlung entsteht also nur, wenn die Hochspannungselektrode gerade eine positive Polarität aufweist, denn nur dann bewegen sich elektrisch negativ geladenen Teilchen zu ihr hin. Da die Normalstrahlung, insbesondere wenn die Strahlenkoronae an den Terminalpunkten harmonisch geschlossen sind, nur bei gesunden Patienten auftritt, korreliert das Vorhandensein einer ausreichenden Konzentration freier Elektronen oder in angeregten Atomzuständen gut mobilisierbarer Elektronen offensichtlich mit Vitalität und Gesundheit.

Die in der ETD phänomenologisch beschriebene toxische Strahlungsqualität mit ihren in der Kirlianaufnahme auftretenden punktförmigen Verdichtungen der Entladungskanäle konnte ich hingegen eindeutig elektrisch positiven Ladungsträgern zuordnen, denn diese Strahlungsqualität tritt nur auf, wenn an der Hochspannungselektrode eine negative Spannung anliegt. Da die toxische Strahlungsqualität erfahrungsgemäß mit entzündlichen Prozessen im Organismus korreliert, besteht sie hauptsächlich aus elektrisch positiv geladenen Molekülen, wie sie insbesondere im Körpergewebe mit saurem Milieu auftreten. Zu elektrisch positiv geladenen Ionen gehören natürlich auch Protonen. Bei der sogenannten degenerativen Strahlungsqualität der ETD verschärft sich diese Situation noch, denn hier scheint das Aufnahmeobjekt geradezu von positiven Ladungsträgern überschwemmt zu sein, wie es typischerweise bei übersäuerten Patienten mit schweren Stoffwechselerkrankungen der Fall ist. Hier erreichen auch die gefürchteten freien Radikale maximale Konzentrationen, was langfristig zu einem Zusammenbruch des Organismus führen muss.

Der innere Strahlenkranz an den Terminalpunkten enthält sowohl positive als auch negativ geladene Ionen. Dabei handelt es sich um größere elektrisch geladene Moleküle, die sich aufgrund ihrer Masse im Wechselfeld der Hochspannungselektrode nicht allzu weit vom Aufnahmeobjekt entfernen können.

Durch diese Untersuchungen mit wählbarer Polarität der Hochspannungselektrode war mir ein wichtiger Schritt auf dem Weg zu einem tiefergehenden und physikalisch fundierten Verständnis der beim Kirlianeffekt an biologischen Objekten auftretenden Leuchterscheinungen gelungen.

Aber die entscheidende Frage blieb offen: Woher kommt denn das Licht in unseren Zellen, die Fritz Albert Popp und seine Kollegen aufgespürt hatten. Wie ist es da hineingekommen, wie wird es darin gespeichert, und wie trägt es zur Freisetzung von Elektronen und zur Bildung weiterer elektrisch negativ geladener Ionen bei, die im Stoffwechsel eines biologischen Organismus benötigt werden, denn das optimale Milieu der Zelle ist basisch.

KAPITEL IV

Ohne Biophotonen kein Bioplasma

Es waren sowjetische Biophysiker, die den im Westen wenig akzeptierten Fachbegriff des Bioplasmas einführten. Die geheime Kirlianforschung in der UdSSR hatte die Wissenschaftler dort längst zu der Erkenntnis gebracht, dass die Konzentration der freien und leicht mobilisierbaren elektrischen Ladungsträger, insbesondere der Negativionen, entscheidend zur Optimierung der Stoffwechselprozesse beiträgt.

In der Sprache der Quantenphysik ausgedrückt: Die im Körper gespeicherte elektromagnetische Energie in Form angeregter Molekül- und Atomzustände mit leicht mobilisierbaren Elektronen ist das Schmiermittel für den Stoffwechsel. Das ist der Saft des Lebens, ein kostbarer Nektar, dessen Verfügbarkeit für den Körper eines Organismus von dessen Ess-, Trink- und Rauchgewohnheiten ebenso anhängt wie von seiner physischen Beanspruchung und seiner emotionalen und mentalen Verfassung.

Warum sind ausgerechnet die elektrisch negativ geladenen Ionen für die Gesundheit so wichtig? Weil sie antioxidativ wirken. Sie helfen dem Körper dabei, ein Gleichgewicht herzustellen, indem sie all die sauren Bestandteile unseres Stoffwechsels neutralisieren oder zumindest dafür sorgen, den basischen Charakter des Zellinneren aufrecht zu erhalten. Solange unser Körper über einen leichten Überschuss an Negativionen verfügt, drohen ihm keine degenerativen Prozesse, die auch die Zellalterung und damit den Zerfallsprozess des Körpers vorantreiben. In jeder Zellmembran, die das Innere einer Zelle umhüllt, befinden sich kleine Poren aus spezialisierten Eiweißmolekülen, die dafür sorgen, dass die Zelle gegenüber ihrer äußeren Umgebung leicht negativ elektrisch geladen bleibt. Dieser Mechanismus ist in der Biochemie als Natrium-Kalium-Pumpe bekannt und in Abbildung 9 schematisch dargestellt. Dabei werden während eines Pumpvorgangs drei elektrisch positiv geladene Natriumionen vom Inneren der Zelle nach außen und beim darauffolgenden Umkehrprozess zwei elektrisch positiv geladene Kaliumionen von außen in das Innere der Zelle befördert. Netto wird also pro Pumpvorgang die elektrische Ladung der Zelle um eine negative Ladungseinheit erhöht. Für die Entdeckung der Kalium-Natrium-Pumpe in den 1950er-Jahren erhielt der dänische Mediziner Jens Christian Skou 1997 den Nobelpreis für Chemie. Die Natrium-Kalium-Pumpe schützt also die Zelle vor einer Übersäuerung und hilft ihr dabei, ein optimales elektrisch negatives Ladungsniveau gegenüber ihrer Umgebung aufrechtzuerhalten.

Natürlich sind diesem Prozess, der für das Überleben der Zelle elementar wichtig ist, Grenzen gesetzt. Denn wenn die Konzentration elektrisch positiv geladener Ionen in der Umgebung der Zelle einen bestimmten Wert überschreitet, kann die Natrium-Kalium-Pumpe nicht mehr dagegen anpumpen, und es kommt zwangsläufig zu einem

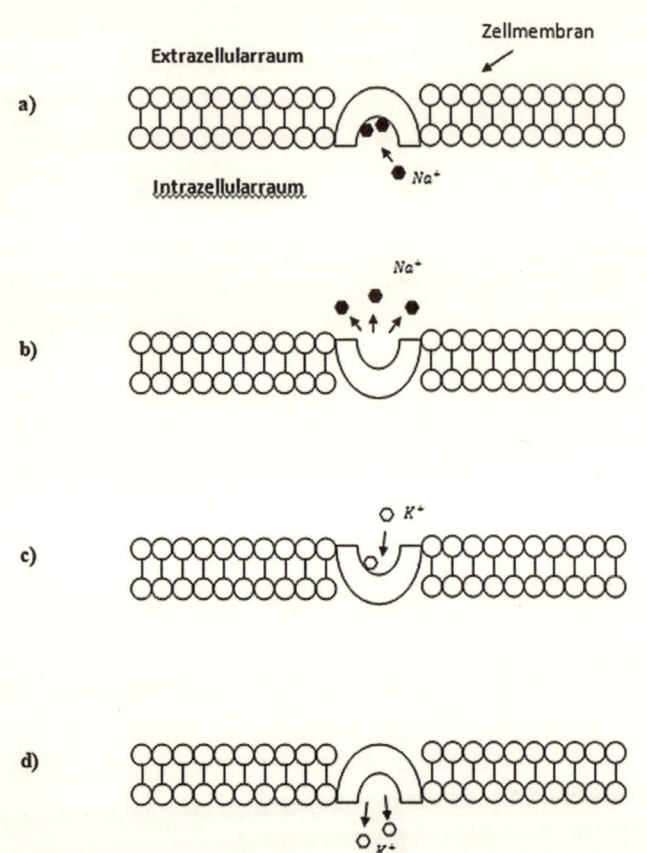

Abb. 9: Die Phasen a) bis d) des Ladungstransports durch die Zellmembran mit den Natrium-Kalium-Pumpe

Abb. 10: Zustandsänderungen in Atomen durch Absorption und Emission von Photonen

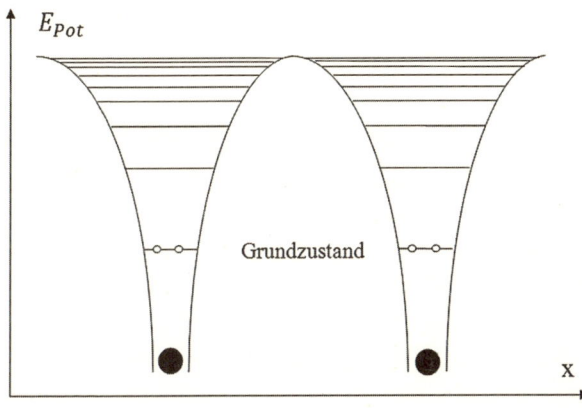

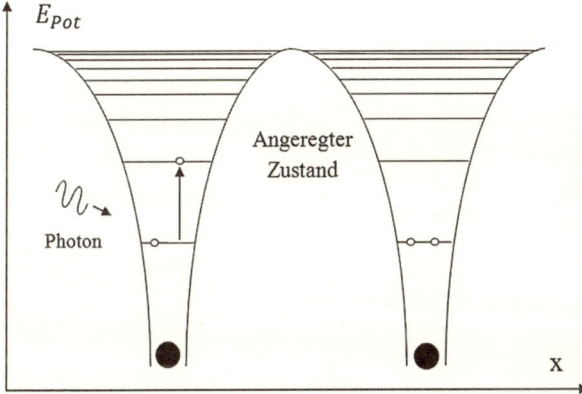

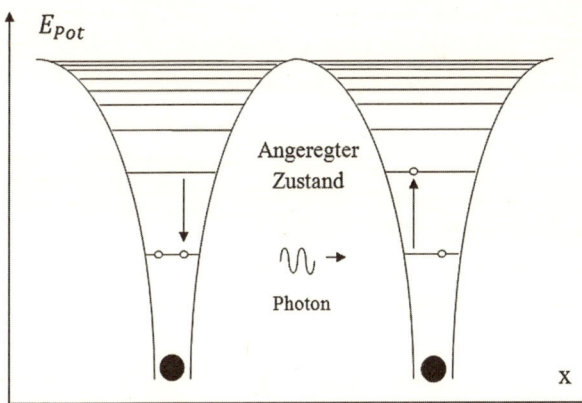

Zusammenbruch der intrazellulären Stoffwechselprozesse. Alle Patienten, deren Kirlianaufnahmen die degenerative Strahlungsqualität aufweisen, befinden sich daher in einem für den Organismus gefährlichen Zustand der Übersäuerung, der langfristig betrachtet zu schweren Stoffwechselerkrankungen führen kann.

Die Energie für den Antrieb der Natrium-Kalium-Pumpe erhält die Zelle durch das in ihren Mitochondrien produzierte ATP (Adenosintriphosphat), das den meisten biologischen Organismen als universeller Energieträger dient, und aus den der Zelle zugeführten Basisrohstoffen in Form von Kohlehydraten, Eiweißen und Fetten. Damit die komplexen Stoffwechselprozesse in jeder gesunden Zelle überhaupt in der beobachtbaren Richtung verlaufen können und nicht durch bloße statistische Effekte im Chaos enden, benötigt jede Zelle ein internes steuerndes elektromagnetisches Feld. Dieses Feld wird in der Zelle durch die DNS im Zellkern aufgebaut und verteilt sich innerhalb der Zellmembran. Das ist ein Bestandteil der Entdeckung der ultraschwachen Zellstrahlung.

Das einfache quantenphysikalische Modell der Abbildung 10 erläutert dabei, wie die ultraschwache Zellstrahlung entsteht und für intrazelluläre Steuerungsprozesse verfügbar wird. Gezeigt wird dabei das Coulomb-Potenzial zweier Atome, das durch das elektrische Feld in der Umgebung der elektrisch positiv geladenen Kerne zweier Atome entsteht. Erkennbar sind die verschiedenen Energieniveaus in den Atomen, die von einzelnen Elektronen besetzt werden können. Im oberen Teil der Abbildung 10 sind beide Atome im sogenannten Grundzustand. Dabei befinden sich alle Elektronen auf dem jeweils niedrigsten

Energieniveau innerhalb des Atoms. Im mittleren Teil von Abbildung 10 durchquert ein von außen kommendes Photon das Atom. Es kann dabei von einem der Elektronen des Atoms absorbiert werden. Bei der Absorption muss das Photon mindestens die Energie besitzen, die benötigt wird, damit ein Elektron auf ein höheres Energieniveau gelangen kann. Nach der Absorption ist das betroffene Atom in einem sogenannten angeregten Zustand. Die meisten angeregten Atomzustände haben nur eine mittlere Lebensdauer von wenigen Millionstel Sekunden. Danach springt das Elektron von dem höheren Energieniveau auf das Energieniveau des Grundzustands zurück, wobei es die Energiedifferenz zwischen beiden Niveaus wieder durch Emission eines Photons nach außen abgibt. Der untere Teil von Abbildung 10 zeigt dabei den Fall, dass die so abgestrahlte Energie wieder von einem Elektron in einem benachbarten Atom absorbiert wird.

Der Prozess im unteren Teil der Abbildung 10 ist dabei prinzipiell umkehrbar, da die ultraschwache Zellstrahlung eine kohärente elektromagnetische Strahlung ist. Das bedeutet, dass die Elektronen verschiedener Atome in einer biologischen Zelle untereinander Photonen hin und her austauschen können, ohne dass dabei die absorbierte Energie irgendwohin entweicht – analog zu einem Ping-Pong-Spiel, bei dem beide Spieler versuchen, den Ball möglichst lang auf der Platte zu halten. Dadurch können in einer biologischen Zelle erhebliche Energiemengen in Form angeregter Atom- oder Molekülzustände eingelagert werden, was zur Aufrechterhaltung eines steuernden elektromagnetischen Feldes im Inneren der Zelle notwendig ist. Bei ihren Messungen haben Biophysiker festgestellt, dass Zellen, die durch mechanische Einwirkung beschädigt wurden, bei denen also die Zellmembran aufgerissen war, erheblich mehr Lichtmengen durch erhöhte Abstrahlung wieder verlieren, als es bei unbeschädigten Zellen der Fall ist. Nach dem Verlust der im Zellinneren in Form angeregter Zustände gespeicherten elektromagnetischen Energie stirbt die Zelle, und der zuvor dadurch kontrollierte Zellstoffwechsel kommt zum Erliegen. Messungen zeigten, dass sich der größte Teil der in der Zelle gespeicherten elektromagnetischen Energie im Zellkern befindet. Der Zellkern besteht größtenteils aus der DNS (Desoxyribonukleinsäure), die damit nicht nur der Träger der Erbinformation, sondern auch ein elektromagnetischer Energiespeicher ist.

Die DNS hat die Form eines mehrfach zopfartig verschlungenen Riesenmoleküls. Wenn sich hinreichend viele Elektronen der DNS in angeregten Molekülzuständen befinden, steigt auch die elektrische Leitfähigkeit der DNS an. Dadurch können sich viele Elektronen innerhalb des DNS-Moleküls frei hin und her bewegen. Dabei folgen die Elektronen aufgrund der geometrischen Struktur der DNS sowohl quasi geradlinigen als auch kreisförmigen Bahnen. Folglich bildet die DNS aufgrund ihrer Geometrie eine ideale Antenne. Aus den physikalischen Grundlagen des Elektromagnetismus ist bekannt, dass eine elektrische Ladung, die eine beschleunigte Bewegung ausführt, ein elektromagnetisches Feld abstrahlt. Dadurch kann die DNS im Inneren der Zelle ein elektromagnetisches Feld induzieren, das der Steuerung von Stoffwechselprozessen und der intra- und extrazellulären Kommunikation dient.

Jeder Stoffwechselprozess stellt auf der Ebene von Atomen oder Molekülen eine chemische Reaktion dar. Aus der Chemie ist bekannt, dass die meisten Reaktionen eine Aktivierungsenergie benötigen, um in Gang zu kommen. Diese Rolle übernimmt in der Zelle auch das elektromagnetische Feld, das von der DNS erzeugt wird und auch in der hintersten Ecke einer Zelle verfügbar ist. Heutzutage sind bereits einige der sehr komplexen Vorgänge bei biochemischen Reaktionen in einer Zelle bekannt. So gibt es eine Reihe von Proteinen, die wie Roboter auf einer Fertigungsstraße andere molekulare Komponenten zerlegen oder zusammenfügen. Diese Proteinmoleküle verfügen dann meist über eine spiralartig verdrillte molekulare Komponente, die aus dem elektromagnetischen Feld der Zelle die Energie einkoppeln kann, die sie zur Verrichtung ihrer Arbeit benötigen.

Obwohl diese Mechanismen im Inneren der Zelle noch nicht allzu lange bekannt sind, gab es in der Pionierzeit der Elektrifizierung bereits einen ähnlich anmutenden Versuch auf der makroskopischen Ebene. Der berühmte Erfinder Nikola Tesla baute auf der Halbinsel Long Island in der Nähe von New York einen gigantischen Sender, um damit elektrische Energie drahtlos abzustrahlen und so allgemein verfügbar zu machen. Dies war jedoch nicht im Interesse seines damaligen Investors J. P. Morgan, denn man wollte ja schließlich mit dem Verkauf von elektrischer Energie Geld verdienen. Erst seit einigen Jahren wird diese alte Idee wieder aufgegriffen, um kleinere Geräte drahtlos mit elektrischer Energie zu versorgen. Im Inneren von biologischen Zellen funktioniert dies bereits seit hunderten von Millionen Jahren.

Die im Inneren von biologischen Organismen gespeicherte elektromagnetische Energie wird also durch Photonen ausgetauscht, und daher werden diese Photonen auch als Biophotonen bezeichnet. Rein physikalisch betrachtet unterscheiden sich Biophotonen jedoch nicht von gewöhnlichen Photonen. Der Name Biophoton besagt lediglich, dass es sich um ein Photon im Inneren eines biologischen Organismus handelt. Daher sind auch die Bezeichnungen Bioplasma und Biophotonen eng miteinander verwandt, denn ohne Biophotonen gäbe es kein Bioplasma und umgekehrt. Elektrische Ladungen spielen also bei den Vorgängen im Inneren unser Zellen eine zentrale Rolle, und ohne die Steuerung des Ladungshaushaltes wäre biologisches Leben nicht möglich.

Biologisches Leben ist eine ständige Gratwanderung zwischen Ordnung und Chaos. In der Physik führt das zu den Begriffen der Entropie und Negentropie. In der Thermodynamik, einer verallgemeinerten Form der Wärmelehre, ist die Entropie ein Maß für das Chaos – der Grad der Unordnung. Erfahrungsgemäß verlaufen in der unbelebten Natur alle Prozesse in Richtung Chaos. Zum Beispiel wird sich eine heiße Tasse Kaffee immer mehr abkühlen, bis sich die in der Tasse befindliche Wärmeenergie gleichmäßig auf den umgebenden Raum verteilt hat. Das stellen wir fest, wenn wir vergessen haben, den heißen Kaffee zu trinken, und nach einer Weile nur noch lauwarmen oder kalten Kaffee vorfinden. Normalerweise würde sich auch das Konzentrationsgefälle elektrisch positiver und negativer Ladungen innerhalb und außerhalb einer biologischen Zelle durch Diffusionsprozesse sehr schnell ausgleichen, doch hier sorgt die Natrium-Kalium-Pumpe für eine Ladungstrennung, und das ist ein typischer negentropischer Ablauf, der dem Ladungschaos entgegenwirkt.

In biologischen Organismen gibt es innere Felder, die den Austausch von Energie und Information zwischen Atomen und Molekülen im Zellinneren ermöglichen. Um der Ursache dieser Felder auf den Grund gehen zu können, ist ein tiefergehendes Verständnis über den Aufbau und die Struktur von Elementarteilchen wie dem Elektron erforderlich. Erst transdimensionale Modelle wie die der Pioniere Charon und Heim oder einer der diversen Dialekte der Stringtheorie können hier weiteren Ausschluss geben. Eine ausführliche und allgemein verständliche Erläuterung solcher transdimensionalen Modelle findet der interessierte Leser in meinem Buch *Das Urwort – Die Physik Gottes*, das 2010 im Scorpio-Verlag erschienen ist.

KAPITEL V

Der Kirlianeffekt auf dem Weg ins digitale Zeitalter

Wie ich aus meiner Zeit bei der Siemens AG wusste, befand sich die Entwicklung leistungsfähiger Chips zur digitalen Aufnahme von Fotografien auch Ende der 1980er-Jahre noch in den Kinderschuhen, aber ich ahnte bereits damals, dass Verfahren wie die Kirlianfotografie sich irgendwann auch einmal in eine digitale Richtung weiterentwickeln würden.

Bis man mit digitalen Aufzeichnungsverfahren eine ähnlich gute Auflösung wie mit dem klassischen fotografischen Verfahren erzielen konnte, sollte es aber noch eine Weile dauern. Zunächst mussten auch noch ganz andere technische Probleme gelöst werden, um hier den Übergang ins Digitale zu vollziehen. An die Stelle des Fotopositivpapiers, das die Abstrahlungen des Objekts (zum Beispiel Finger oder Zeh) normalerweise aufzeichnet, musste ja dann eine digitale Kamera treten, und deren Objektiv benötigt natürlich einen freien Blick auf das Aufnahmefeld. Damals gab es eine kleine Werkstatt in München, die sogenannte »Miracle Pictures« herstellte. Das waren zwei in einem Holzrahmen gefasste planparallele Glasscheiben, die an den Kanten mit Silikon abgedichtet waren. Zwischen den Glasscheiben, die einen Abstand von einigen Millimetern hatten, war eine wässrige Flüssigkeit mit mehreren farbigen Sandschichten eingesperrt. Wenn man das Bild drehte, fing der Sand an, sich langsam zu bewegen und zauberte bewegte Bilder, die sich ständig veränderten und schön anzusehen waren. Das lieferte mir die Idee für eine transparente Hochspannungs-Elektrode. Ich verwendete dann zwei planparallele Acrylglasplatten und füllte das Innere mit einer elektrisch leitfähigen Flüssigkeit. An einer Stelle führte ich einen Draht zwischen die Platten und verband diesen mit einem Hochspannungsgenerator, und fertig war meine erste transparente Hochspannungselektrode. Nun konnte man auf der einen Seite der Acrylglasplatte ein Objekt positionieren, zum Beispiel eine Fingerspitze, und auf der anderen Seite eine Kamera, mit der man durch die transparente Hochspannungselekt-

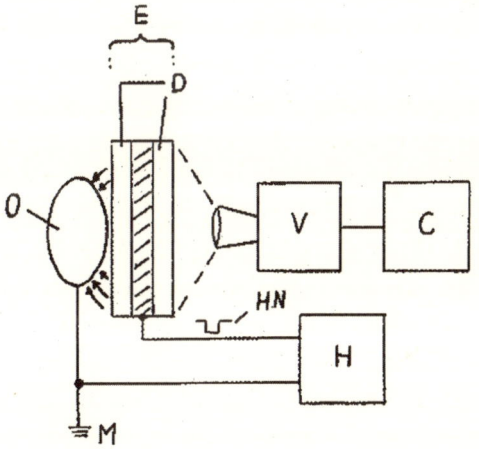

Abb. 11: Querschnitt durch ein Kirliangerät mit digitaler Bildaufzeichnung

rode hindurch fotografieren konnte. Das funktionierte sogar schon mit klassischen Fotoapparaten, man musste nur einige Sekunden unter Hochspannung belichten, um eine Kirlianfotografie zu erzeugen.

Später, sobald technisch verfügbar, konnte man einen klassischen Fotoapparat durch eine computergesteuerte Digitalkamera ersetzen. Mit diesen Ideen meldete ich ein entsprechendes Verfahren beim Deutschen Patentamt an und erhielt daraufhin das Patent im Jahre 1987. Abbildung 9 zeigt den schematischen Aufbau in einer Originalzeichnung aus meiner Patentschrift.

Das Objekt O liegt auf der transparenten äußeren Deckplatte D, die mit der inneren transparenten Deckplatte und der dazwischen befindlichen, elektrisch leitfähigen Flüssigkeit die Hochspannungselektrode E bildet, die mit dem Hochspannungsgenerator H verbunden ist. Hinter der inneren Deckplatte befindet sich die digitale Kamera V, die das Kirlianbild elektronisch aufzeichnet und das elektronische Bild an den Auswerte-Computer C weiterleitet. Prinzipiell funktionieren auch die heutigen Kirliangeräte mit elektronischer Bildaufzeichnung noch genauso.

Außer in einer experimentellen Versuchsanordnung konnte ich den digitalen Teil des Verfahrens damals technisch noch nicht realisieren. Technische Fortschritte erzielte ich bereits dennoch durch die Zusammenarbeit mit einem befreundeten Elektroingenieur. So wurde ein verbessertes stabileres Gehäuse entwickelt und der Hochfrequenz-Hochspannungsgenerator verbessert. Mit dieser Gerätegeneration war es erstmals möglich, die Polarität der Hochspannungsimpulse zu variieren sowie deren Frequenz und Intensität zu regeln und die Belichtungszeit automatisch einzustellen. Dies erleichterte vor allem die Reproduzierbarkeit der Aufnahmen, weil die Aufnahmeparameter besser konstant gehalten werden konnten. Von diesen Geräten kamen immerhin ein bis zwei Dutzend in Umlauf und wurden vorwiegend in Arztpraxen eingesetzt.

Unbefriedigend blieb natürlich das Aufnahmeverfahren an sich, weil man ständig noch mit giftigen Chemikalien bei der Entwicklung der Fotopositivpapiere hantieren musste und der Entwicklungsprozess an jedem Einsatzort Dunkelkammertechnik erforderte und zeitraubend war. Auf diesen Umstand bin ich ja schon bei der Beschreibung der Energetischen Terminalpunkt-Diagnose (ETD) eingegangen. So blieb für mich der Motivationsfaktor für eine marktreife Entwicklung eines digitalen Kirlianaufnahmesystems hoch.

Nach Anträgen zur Förderung von Forschungs- und Entwicklungsvorhaben eines solchen Systems kam es schließlich zu einer erfolgreichen Zusammenarbeit mit der Hans-Sauer-Stiftung in Deisenhofen bei München. Der Stifter Hans Sauer hatte sich einen Namen in der Relaistechnikbranche gemacht. Er erwarb mehrere hundert Patente; man findet ihn auch in der Erfindergalerie des Deutschen Patentamts. Auch der Pionier der Raumfahrttechnik, Dr. Ludwig Bölkow, der damals im Kuratorium der Stiftung mitwirkte, befürwortete das Vorhaben. Mit finanzieller Förderung der Stiftung war es mir dann 1994 möglich, mehrere Prototypen eines ersten computergesteuerten Kirlian-Messplatzes mit elektronischer Bildaufzeichnung zu entwickeln. Einige dieser Geräte wurden auch in Praxen von Ärzten und Heilpraktikern erprobt und stellten die Brauchbarkeit dieser Technik für die komplementärmedizinische Diagnose unter Beweis. Aufgrund des noch relativ geringen Auflösungsvermögens der verwendeten Digitalkamera konnten damals nur einzelne Finger- und Zehenspitzen nacheinander aufgenommen werden. Die erste bei diesen Geräten verwendete Digitalkamera, eine SBIG ST4, wurde ursprünglich für astronomische Zwecke entwickelt. Daher war sie auch für längere Belichtungszeiten geeignet.

Die damals noch kleinen Übertragungsgeschwindigkeiten zwischen Aufnahmesystem und Auswertungscomputer stellten ein weiteres technisch bedingtes Hindernis für die praktische Anwendung der digitalen Kirliantechnik dar. Das erste von mir entwickelte System verfügte aber bereits in Verbindung mit dem Steuercomputer über eine automatisierte Auswertung der Aufnahmen. Erstmals war man dabei nicht mehr allein auf die menschliche Interpretation der Aufnahmen angewiesen, sondern die Computersoftware erledigte die qualitative und quantitative Auswertung. Zudem war das Computerprogramm in der Lage, die Aufnahmen einzelner Finger- und Zehenspitzen mit einer Auswertungsschablone zusammen auf dem Bildschirm darzustellen, abzuspeichern und auszudrucken, was die Erkennung von Energie-Organ-Beziehungen und den Vergleich mit anderen Aufnahmen erleichterte.

Zu dieser Zeit dehnte ich meine Untersuchungen auch auf andere biologische und anorganische Proben aus. Interessante Ergebnisse ließen sich dabei an Lebensmitteln und auch an Trinkwasser gewinnen. Die Frische von Lebensmitteln korreliert dabei auch mit der Konzentration frei verfügbarer beziehungsweise leicht mobilisierbarer Elektronen, wie nicht anders zu erwarten war. Das spektakuläre

Ergebnis der Untersuchung einer Wasserprobe, die unmittelbar vor der Messung für eine Minute von einer Person in den Händen gehalten wurde, macht deutlich, dass es auch durch Handauflegen zu einer nachhaltigen Befeldung mit elektromagnetischer Energie kommen kann. Der erste computergesteuerte Messplatz ermöglichte die programmgesteuerte Aufnahme einer Messreihe. Dabei wurde die zuvor per Hand befeldete Wasserprobe exakt alle 60 Sekunden jeweils für 3 Sekunden der Hochspannung des Kirliangeräts ausgesetzt und dabei das CCD der elektronischen Kamera belichtet. Alle Einzelaufnahmen wurden dann durch den Computer einzeln ausgewertet, indem die Intensität der Strahlenkoronae am Probenbehälter bestimmt wurde. Die Aufnahmen wurden bei konstanter Probentemperatur gemacht. Auch weitere äußere Einfluss-

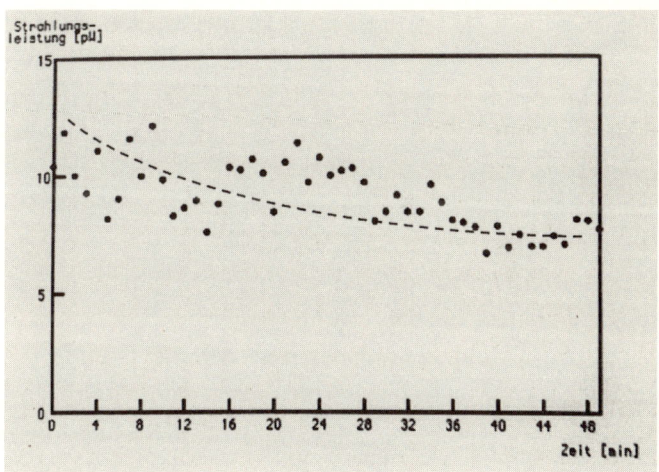

Abb. 12: Abklingverhalten einer Wasserprobe nach Einwirkung durch Handauflegen

faktoren können ausgeschlossen werden, da die Aufnahmen in einem hermetisch abgedunkelten Raum gemacht wurden und auch die Aufnahmeparameter wie Belichtungsdauer, Frequenz, Inpulsdauer, Intensität, zeitlicher Abstand der Einzelmessungen konstant gehalten wurden. Abbildung 10 zeigt daher das zeitliche Abklingverhalten der durch Handauflegen auf das Wasser übertragenen Energie.

Dieser computergesteuerte Messplatz bot erstmals die Möglichkeit, die gewonnenen Bilddaten, insbesondere die Strahlenkoronae an den Fingerspitzen, mit einem Programm quantitativ auszuwerten. Ich entwickelte Mitte der 1990er-Jahre ein analytisches Verfahren, mit dem die Strahlenkoronae systematisch sowohl qualitativ als auch quantitativ ausgewertet werden kann. Qualitative Auswertung bedeutet die Klassifizierung der Strahlungsqualität, wobei sich die aus der ETD bekannte phänomenologische Beschreibung als brauchbar erwies. Normalstrahlung, toxische und degenerative Strahlungsqualität hängen eindeutig mit den elektrischen Ladungsverhältnissen im Organismus zusammen und reflektieren den Vitalitätsstatus auf zellulärer Ebene. Die Radialanalyse, so nannte ich dieses EDV-gestützte Auswerteverfahren, ist mit Routinen ausgestattet, die die drei aus der ETD bekannten Strahlungsqualitäten voneinander unterscheiden können. Zunächst wird in einer Radialanalyse der Mittelpunkt der Strahlenkorona berechnet. Von diesem Mittelpunkt aus wird die Intensität der Strahlenkorona in jede Richtung bestimmt. Durch Berechnung des Umfangs der Strahlenkorona lässt sich die Normalstrahlung von der degenerativen Strahlungsqualität unterscheiden, denn die büschelartige Topografie der Strahlenkorona bei Normalstrahlung hat einen viel größeren Umfang als bei der degenerativen Strahlungsqualtität. Auch die toxische ist gut von den anderen beiden Strahlungsqualitäten zu unterscheiden, da ihre punktartigen Verdichtungen viel heller sind als bei allen anderen Koronaentladungen. Damit war ein wichtiger Schritt zur standardisierten und objektiven Auswertung getan, denn bislang konnte nur eine mit der ETD geschulte Person diese Unterscheidungen treffen. Mit der Radialanalyse ist es außerdem möglich, die Position von besonderen Auffälligkeiten einem bestimmten Winkel und damit einem bestimmten Organ zuzuordnen. Ein weiterer Fortschritt ist die Möglichkeit der quantitativen Auswertung, denn nun kann auch die Gesamtintensität einer Strahlenkorona und deren Summe für alle Strahlenkoronae ermittelt werden.

Die nächste Gerätegeneration brachte dann einen Durchbruch sowohl in der Qualität der Aufnahmen als auch in ihrer Übertragungsgeschwindigkeit auf den Computer. Dieses System, das Anfang 2000 auf den Markt kam, wurde in Lizenz von einer medizintechnischen Firma am Niederrhein in Zusammenarbeit mit mir entwickelt und trug zur weiteren Verbreitung des digitalen Verfahrens bei. Immerhin konnten mit diesem System schon gleichzeitig die Finger einer Hand oder die Zehen eines Fußes in befriedigender Auflösung aufgezeichnet werden.

Ziel war es jedoch nach wie vor, ein digitales Aufnahmesystem zu entwickeln, mit dem man sowohl alle zehn Fingerspitzen beider Hände gleichzeitig und alle Zehen beider Füße ebenfalls gleichzeitig aufnehmen konnte. Das bedingte zwangsläufig eine Vergrößerung des Aufnahmefelds und daher auch eine Verbesserung von Digitalkameras. Auf diese technische Weiterentwicklung hatte natürlich die kleine Marktnische für Kirliangeräte keinen Einfluss, und so mussten weitere zehn Jahren verstreichen, bis auch dieses Ziel erreicht werden konnte.

Die aktuelle Generation der neuen Photonen-Diagnosegeräte erfüllt alle gewünschten Eigenschaften, um auch in der komplementärmedizinischen Diagnostik den Übergang in das digitale Zeitalter zu vollziehen. Mit den neuen Entwicklungen auf diesem Gebiet sind auch weitere technische Probleme gelöst worden. So ist zur Aufnahme am Patienten heutzutage keine Dunkelkammertechnik mehr erforderlich, weil die Geräte auch über eine Vorrichtung zur Abdunkelung des Aufnahmefelds während der Aufnahme verfügen, und daher können die Aufnahmen nun bei normalen Tageslichtbedingungen gemacht werden.

KAPITEL VI

Die Photonen-Diagnose

Als Photonen-Diagnose bezeichne ich ein Messverfahren, mit dem die Abstrahlungen eines biologischen Objekts unter Anwendung des Kirlianeffekts digital fotografisch aufgezeichnet und von einem Computer ausgewertet werden. Das Verfahren lässt sich an lebenden Organismen, insbesondere am Menschen, anwenden. Es basiert auf anerkannten mikrobiologischen, biochemischen und physikalischen Grundlagen.

Ein wichtiger Aspekt dabei ist die Ausführung der Messung unter reproduzierbaren Bedingungen. Die Ausgestaltung der Messanordnung sorgt für stets konstant gehaltene Aufnahmeparameter wie Belichtungszeit, Hochspannungsimpuls, Temperatur, Luftfeuchtigkeit und Objektausrichtung. Dadurch können verschiedene Aufnahmen unter objektiven Bedingungen miteinander verglichen werden. Daher eignet sich die Photonen-Diagnose besonders für Mehrfachmessungen zur Therapiekontrolle in der naturheilkundlichen und medizinischen Praxis.

Die Photonen-Diagnose ist in erster Linie ein bildgebendes Verfahren, das Auskunft über die Qualität und Verteilung der elektrischen Ladung im menschlichen Kör-

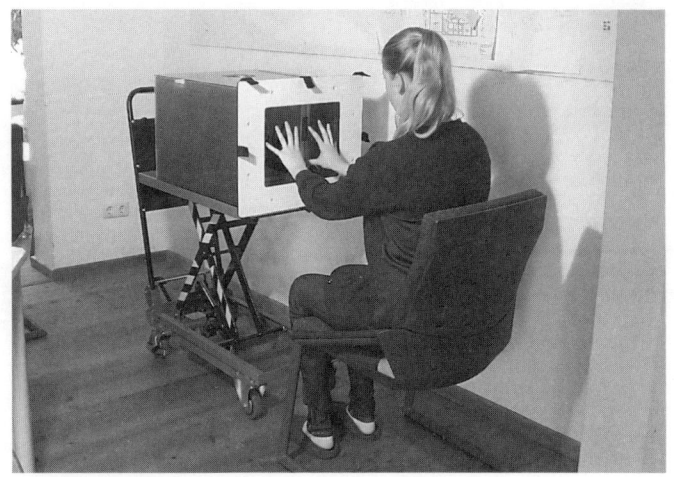

Abb. 13: Digitale Aufnahme der Fingerspitzen in der Photonen-Diagnose

per gibt. Diese ermöglichen eine Charakterisierung des allgemeinen Gesundheitszustands dieser Person. Das Auswertungsprogramm der Photonen-Diagnose liefert automatisch eine Darstellung der Energie-Organ-Beziehungen, die empirisch auf den gesammelten Erfahrungen mit der ETD (energetische Terminalpunkt-Diagnose) basieren. Darüber hinaus werden die Aufnahmen durch das Auswertungsprogramm der Photonen-Diagnose quantitativ ausgewertet, wodurch ein Vergleich mit Standardmessungen möglich wird.

Die digitale Bildverarbeitung hat in den letzten Jahren viele Anwendungsbereiche erfasst und zum Teil revolutioniert. Technisch liegt das in erster Linie daran, dass nun relativ preisgünstige Mikrochips verfügbar sind, mit denen Fotografien in einer Qualität erstellt werden können, wie es in der Vergangenheit nur mit fotografischen Emulsionen, zum Beispiel im Kleinbildfilmformat oder größer, möglich gewesen ist. Nahezu jedes Mobiltelefon ist mittlerweile mit einer kleinen Digitalkamera ausgestattet, die es dem Anwender erlaubt, jederzeit Schnappschüsse zu machen, ohne darauf angewiesen sein zu müssen, die Bilder in einem Fotogeschäft entwickeln zu lassen. Zudem können die Bilder mit wenigen Klicks auf die Bedienfelder des Mobiltelefons auch noch übers Internet weitergesendet werden. Auch in Bereichen der professionellen Fotografie, insbesondere in der Berichterstattung, hat die digitale Fotografie längst ihren Siegeszug angetreten. Das haben auch schon einige Hersteller von klassischen Fotoapparaten erfahren müssen, weil ihre Umsatzzahlen einbrachen, sofern sie nicht rechtzeitig den rasch wachsenden Markt der Digitalfotografie mit bedienten.

Bei der Digitalfotografie wird die Bildinformation nicht auf dem Negativfilm, sondern auf einem CCD (Charge Coupled Device) zwischengespeichert. Ein solches CCD ist auf einem Mikrochip untergebracht und besteht aus mehreren Millionen einzelner Fototransistoren. Jeder von ihnen bildet ein Pixel, also einen Bildpunkt des aufzuzeichnenden Bildes. Diese Transistoren sind regelmäßig in Reihen und Spalten angeordnet. Sie sammeln während der Belichtung das auf sie fallende Licht und setzen es in ein elektrisches Signal um, das von einer elektronischen Schaltung in ein digitales Bild umgewandelt wird, das dann im Speicherbereich eines Mikrocomputers in einem gängigen Bilddateiformat abgespeichert wird.

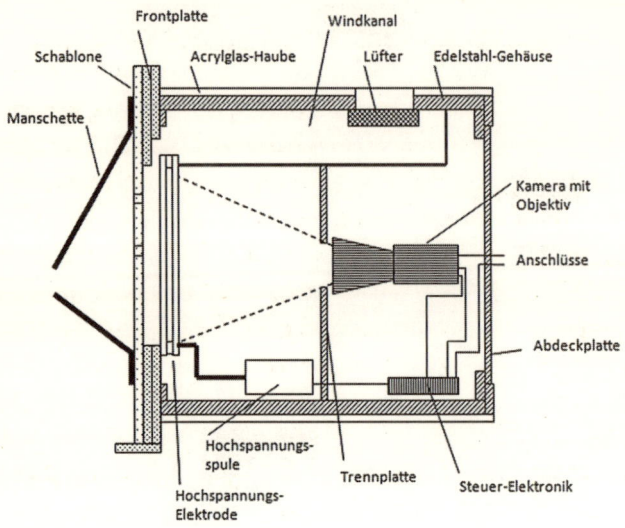

Abb. 14: Querschnitt durch ein modernes Kirliangerät zur digitalen Aufzeichnung einer Photonen-Diagnose

Wenn man gleichzeitig eine digitale Kirlianaufnahme aller Finger- oder Zehenspitzen von einer Person machen will, benötigt man natürlich ein sehr großes Aufnahmefeld und eine Digitalkamera mit einem guten optischen Objektiv und einer hohen Auflösung.

Allein damit ist es aber nicht getan. Wie Abbildung 14 zeigt, sind moderne Kirliangeräte zur Aufzeichnung aller Terminalpunkte auch mit einer Manschette ausgestattet, die es erlaubt, die Aufnahme unter Tageslichtbedingungen zu machen, ohne dass der Aufnahmeraum abgedunkelt werden muss. Es genügt, die Manschette einzusetzen, um das Tageslicht von der transparenten Hochspannungselektrode fernzuhalten. Die aufzunehmende Person steckt ihre Arme oder Füße durch die Manschette und legt ihre Finger- oder Zehenspitzen auf die Vorderseite der Elektrode, und die Aufnahme kann durchgeführt werden.

Vor der Aufnahme ist die Digitalkamera in einem Vorschaumodus, das heißt, sie liefert ständig Bilder vom Aufnahmefeld, das mit LEDs ausgeleuchtet wird, um kontrollieren zu können, ob die Person auch alle Terminalpunkte aufgelegt hat. Sonst bestünde bei der eigentlichen Aufzeichnung der Leuchterscheinungen bei eingeschalteter Hochspannung die Gefahr der Entstehung von Artefakten. Außerdem sind moderne Geräte noch mit einer Entlüftungsvorrichtung des Aufnahmefelds ausgestattet, da sich ansonsten Feuchtigkeit von den Fingern oder Zehen auf der Elektrode ablagern könnte. Das würde zwangsläufig zu Phantombildern führen, was die Messung verfälschen und deren Interpretation erschweren würde. Wenn beispielsweise ein Patient bei der Aufnahme nicht alle Zehen auf der Elektrode auflegt und dies bei der Aufnahme unbemerkt bliebe, wäre ein Artefakt die Folge. Denn statt des Strahlenkranzes wäre da bestenfalls ein diffuser Fleck zu sehen oder ein Zeh würde gänzlich fehlen.

Die Fingerspitzen können nur durch die Öffnungen in einer Aufnahmeschablone auf die Elektrode aufgedrückt werden. Dadurch sind sie bei jeder Aufnahme in der gleichen Position und im gleichen Winkel zueinander angeordnet. So ist es möglich, die Strahlenkränze um jeden Terminalpunkt auf dem Computermonitor mit der jeweiligen Energie-Organ-Beziehung gleichzeitig darzustellen.

Abbildung 15 zeigt eine ausgewertete Aufnahme mit der Photonen-Diagnose. Dargestellt werden die zehn Strahlenkränze der Fingerspitzen und ihre Zuordnung zu

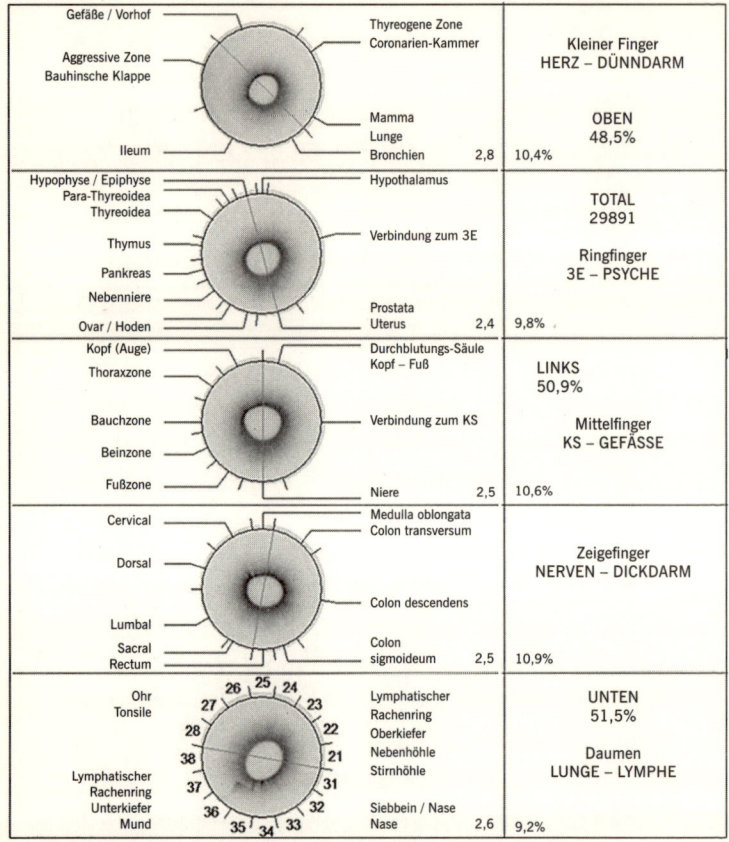

Linke Hand

Abb. 15a und 15b: Darstellung einer Aufnahme der Fingerspitzen in der Photonen-Diagnose

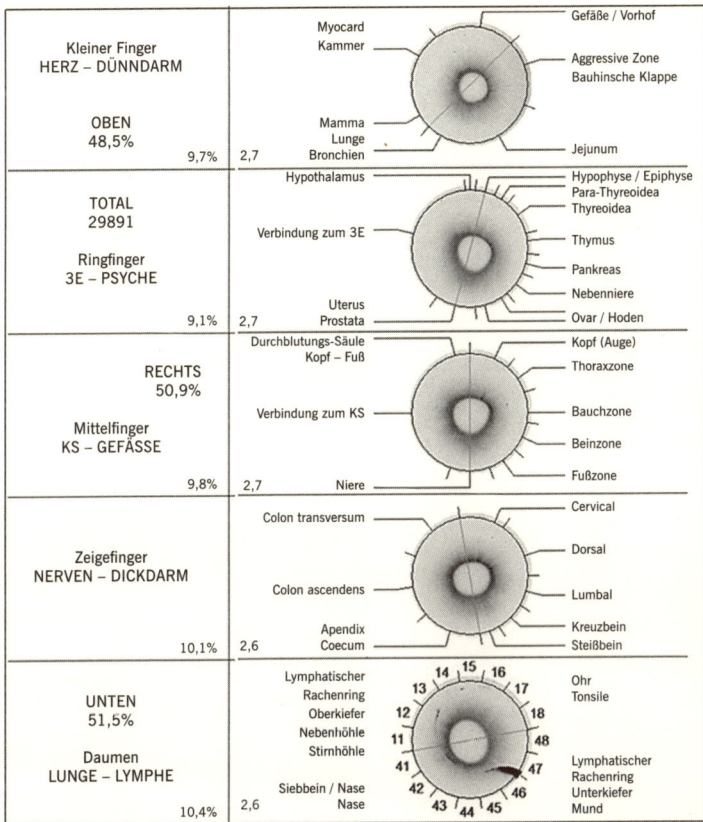

Kleiner Finger HERZ – DÜNNDARM OBEN 48,5% 9,7%	2,7	Myocard Kammer Mamma Lunge Bronchien	Gefäße / Vorhof Aggressive Zone Bauhinsche Klappe Jejunum
TOTAL 29891 Ringfinger 3E – PSYCHE 9,1%	2,7	Hypothalamus Verbindung zum 3E Uterus Prostata	Hypophyse / Epiphyse Para-Thyreoidea Thyreoidea Thymus Pankreas Nebenniere Ovar / Hoden
RECHTS 50,9% Mittelfinger KS – GEFÄSSE 9,8%	2,7	Durchblutungs-Säule Kopf – Fuß Verbindung zum KS Niere	Kopf (Auge) Thoraxzone Bauchzone Beinzone Fußzone
Zeigefinger NERVEN – DICKDARM 10,1%	2,6	Colon transversum Colon ascendens Apendix Coecum	Cervical Dorsal Lumbal Kreuzbein Steißbein
UNTEN 51,5% Daumen LUNGE – LYMPHE 10,4%	2,6	Lymphatischer Rachenring Oberkiefer Nebenhöhle Stirnhöhle Siebbein / Nase Nase	Ohr Tonsile Lymphatischer Rachenring Unterkiefer Mund

Rechte Hand

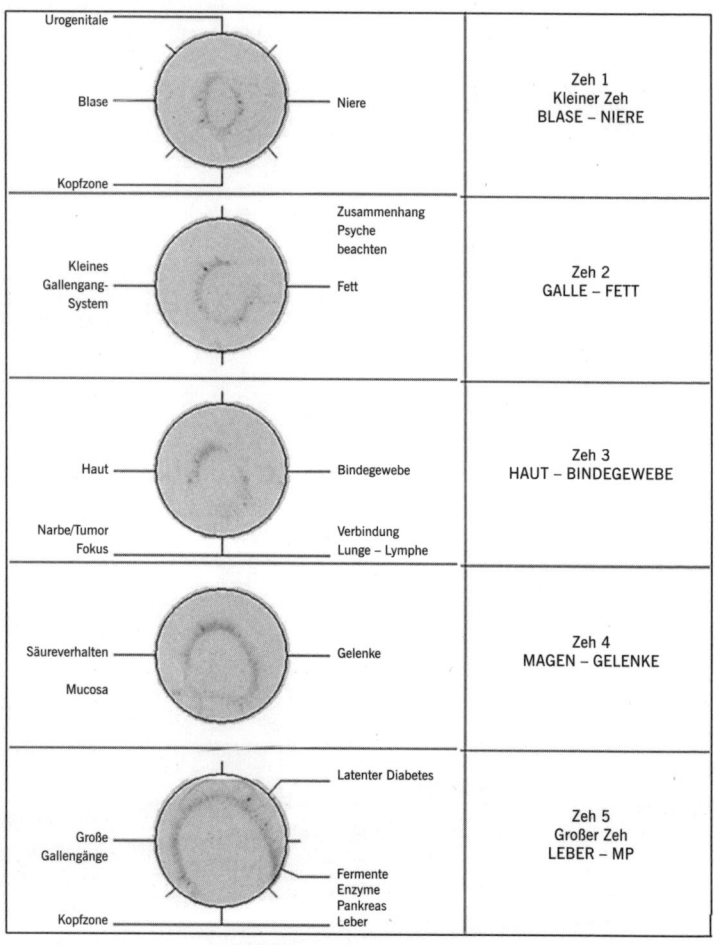

dem aus der TCM (Traditionelle Chinesische Medizin) bekannten Meridiansystem. Die Aufnahme zeigt eine nahezu perfekte Abstrahlung, wie sie der Normalstrahlung in der ETD entspricht. Nach den Erfahrungen mit der ETD kor-

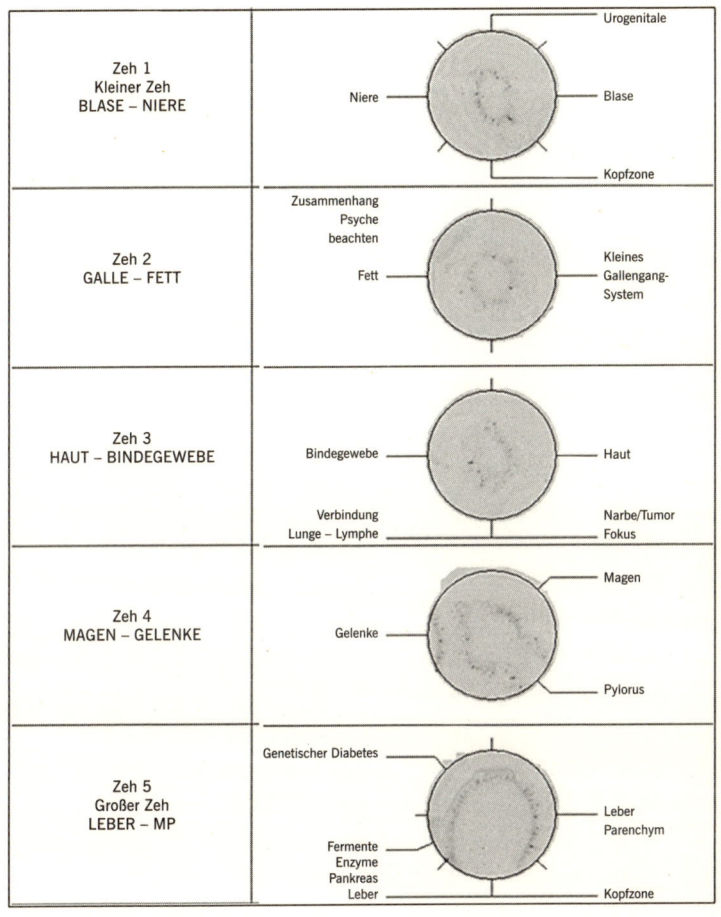

Abb. 16a und 16b: Darstellung einer Aufnahme der Zehenspitzen in der Photonen-Diagnose

relieren die Abstrahlungen in den Sektoren der einzelnen Finger mit den Organen, die mit dem jeweiligen Meridian in Verbindung stehen. Auf den beiden Seiten werden jeweils die fünf Finger von oben nach unten in folgender Reihenfolge dargestellt: kleiner Finger, Ringfinger, Mittelfinger, Zeigefinger und Daumen. An den Spitzen der kleinen Finger endet der Herz-Dünndarm-Meridian. An den Strahlenkoronae dieser Finger zeigen sich bei energetischer Auffälligkeit der Zwölffingerdarm, der Dünndarm mit Jejunum und Ileum und die Bauhinsche Klappe, die den Übergang des Dünndarms zum Dickdarm markiert, sowie Bereiche des Herzens mit Vorhof, Kammern, den Herzkranzgefäßen und dem Herzmuskel (Myocard).

An den Ringfingern endet der Dreifacherwärmer-Psyche-Meridian. Hier werden in den einzelnen Sektoren der Finger die energetischen Zustände im Hypothalamus und in den Hormondrüsen projiziert. Dies sind die Epiphyse, die Hypophyse, die Schilddrüse, die Thymusdrüse, die Bauchspeicheldrüse (Pankreas), die Drüsen der Nebennieren und die Keimdrüsen, das sind die Eierstöcke bei einer weiblichen und die Hoden bei einer männlichen Person.

An den Spitzen der Mittelfinger endet der Kreislauf-Sexus-Meridian. Aus den Abstrahlungen an diesen Terminalpunkten ergeben sich Hinweise auf die energetische Situation des Blutgefäßesystems, wobei eine Unterscheidung der Kopfzone, der Thoraxzone, der Bauchzone, der Beinzone und der Fußzone möglich ist.

Die Spitzen der Zeigefinger markieren die Endpunkte des Nerven-Dickdarm-Meridians. An einigen Sektoren dieser Strahlenkoronae bestehen Beziehungen zum Zentralnervensystem mit der Unterteilung in Halswirbel (cervical), Brustwirbel (dorsal), Lendenwirbel (lumbal) und dem Steißbein (sacral) und bei anderen Sektoren eine Zuordnung zu Bereichen des Dickdarms (Colon ascendens, Colon transversum, Colon descendens, Colon sigmoideum).

Schließlich enthalten die beiden Daumen Informationen über den gesamten Kopfbereich und den Hals-Nasen-Rachenraum. Die Daumenspitzen bilden die Terminalpunkte des Lunge-Lymphe-Umflusses. Die Sektoren in den Strahlenkoronae der Daumen geben Hinweise auf die Zähne, Ober- und Unterkiefer, Mund, Nase, Siebbein, Stirnhöhle und Nebenhöhlen sowie die Mandeln (Tonsille).

In Abbildung 16 wird eine ausgewertete Aufnahme der Zehenspitzen einer Person dargestellt. Auf der linken Seite sind die Abstrahlungen an den linken Zehen, vom großen Zeh oben bis zum kleinen Zeh unten, und auf der rechten Seite entsprechend die Zehen des rechten Fußes abgebildet mit den Energie-Organ-Beziehungen, wie sie aus der ETD bekannt sind.

Auch die Zehenspitzen bilden innerhalb des Meridiansystems der Akupunkturlehre die Endpunkte bestimmter Meridiane, die zu weiteren empirisch gesicherten Energie-Organ-Beziehungen führen. So bilden die Zehenspitzen der großen Zehen die Terminalpunkte des Blase-Nieren-Meridians; und an den Abstrahlungen lässt sich der energetische Zustand des Urogenitalsystems mit der Blase und den Nieren erkennen.

Bei der Photonen-Diagnose wird außerdem eine quantitative Auswertung der Abstrahlungen vorgenommen. Diese liefert den prozentualen Anteil, mit dem jeder Meridian an der Gesamtabstrahlung beteiligt ist, ebenso die prozentuale Oben-Unten- und die Links-Rechts-Verteilung der Abstrahlungen.

Insbesondere bei den Aufnahmen der Fingerspitzen müssen die Finger leicht gespreizt auf die Aufnahmeelektrode aufgelegt werden, damit sich ihre Strahlenkoronae nicht störend überlagern. Daher ist eine Definition der Achsenwinkel erforderlich. Bei Abbildung 15 sind diese Achsen mit eingezeichnet. Sie ergeben sich aus der Lage der Fingerspitzen auf der Aufnahmeelektrode. Bei der Zuordnung der Energie-Organ-Beziehungen in der Photonen-Diagnose sind diese Winkel berücksichtigt. In Abbildung 17 ist das Bezugssystem zur Festlegung dieser Winkel relativ zur Symmetrieachse jedes Fingers dargestellt.

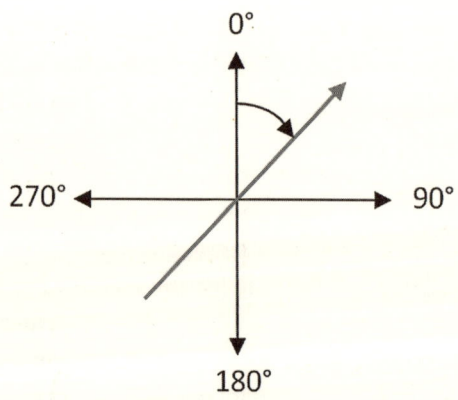

Abb. 17: Definition des Symmetrieachsenwinkels

Energie-Organ-Beziehungen der Finger

Kleiner Finger links (Herz-Dünndarm-Meridian)
Achsenwinkel:	315°
Gefäße, Vorhof:	[0°–80°]
Thyreogene Zone, Coronarien, Kammer:	[80°–180°]
Stauungszone Lymphe, Mamma, Lunge, Bronchien:	[180°]
Ileum:	[180°–295°]
Bauhinsche Klappe:	[295°–0°]

Kleiner Finger rechts (Herz-Dünndarm-Meridian)
Achsenwinkel:	45°
Duodenum, aggressive Zone:	[0°–65°]
Jejunum:	[65°–180°]
Stauungszone Lymphe, Mamma, Lunge, Bronchien:	[180°]
Myocard, Kammer:	[180°–280°]
Gefäße, Vorhof:	[280°–0°]

Ringfinger links (3E-Psyche-Meridian)
Achsenwinkel:	345°
Hypothalamus:	[10°–20°]
Horizontale Verbindung zum 3E:	[20°–160°]
Uterus, Prostata:	[160°–200°]
Ovar, Hoden:	[200°–220°]
Nebenniere:	[220°–235°]
Pankreas:	[235°–260°]
Thymus:	[260°–280°]
Thyreoidea:	[280°–305°]

Para-Thyreoidea: [305°–335°]
Hypophyse: [335°–350°]
Epiphyse: [350°–10°]

Ringfinger rechts (3E-Psyche-Meridian)
Achsenwinkel: 15°
Epiphyse: [350°–10°]
Hypophyse: [10°–25°]
Para-Thyreoidea: [25°–55°]
Thyreoidea: [55°–80°]
Thymus: [80°–100°]
Pankreas: [100°–125°]
Nebenniere: [125°–140°]
Ovar, Hoden: [140°–160°]
Uterus, Prostata: [160°–200°]
Horizontale Verbindung zum 3E: [200°–340°]
Hypothalamus: [340°–350°]

Mittelfinger links (Kreislauf-Sexus-Meridian)
Achsenwinkel: 0°
Limbisches System: [350°–10°]
Horizontale u. diagonale Verbindungen
beachten: [0°–170°]
Niere: [170°–190°]
Beinzone, Fußzone: [190°–260°]
Thoraxzone, Bauchzone, Lymphe 2 u. 3: [260°–330°]
Kopfzone: [330°–0°]
Auge: [340°–350°]

Mittelfinger rechts (Kreislauf-Sexus-Meridian)
Achsenwinkel:	0°
Limbisches System:	[350°–10°]
Kopfzone:	[0°–30°]
Auge:	[10°–20°]
Thoraxzone, Bauchzone, Lymphe 2 u. 3:	[30°–100°]
Beinzone, Fußzone:	[100°–170°]
Niere:	[170°–190°]
Horizontale u. diagonale Verbindungen beachten:	[190°–0°]

Zeigefinger links:
(Wirbelsäule-Spinalnerven-Dickdarm-Meridian)
Achsenwinkel:	10°
Colon transversum:	[0°–45°]
Colon descendens:	[45°–135°]
Colon sigmoidum, aggressive Zone:	[135°–160°]
Rectum, aggressive Zone:	[160°–180°]
Sacral:	[180°–205°]
Lumbal:	[205°–260°]
Dorsal:	[260°–300°]
Cervical:	[300°–340°]
Medulla oblongata:	[340°–0°]

Zeigefinger rechts:
(Wirbelsäule-Spinalnerven-Dickdarm-Meridian)
Achsenwinkel:	350°
Colon transversum:	[300°–0°]
Colon ascendens:	[240°–300°]
Appendix coecum, aggressive Zone:	[180°–240°]
Steißbein:	[160°–180°]

Kreuzbein: [130°–160°]
Lumbal: [100°–150°]
Dorsal: [45°–100°]
Cervical: [0°–45°]

Daumen rechts: (Lunge-Lymphe-Umfluss)
Achsenwinkel: 80°
Zähne, Odonton, 3. Quadrant: [0°–180°]
31, 32, 33, 34, 35, 36, 37, 38
Zähne, Odonton, 2. Quadrant: [180°–360°]
28, 27, 26, 25, 24, 23, 22, 21
Nase, Siebbein: [345°–15°]
Ohr, Kiefergelenk, Tonsille: [165°–195°]
Nebenhöhle, Kieferhöhle, Stirnhöhle: [270°]

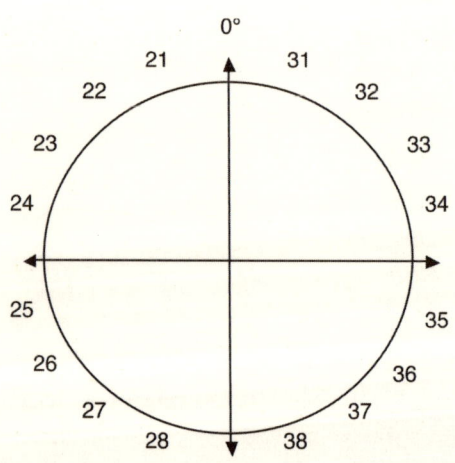

Daumen links: (Lunge-Lymphe-Umfluss)

Achsenwinkel:	80°
Zähne, Odonton, 1. Quadrant:	[0°–180°]
31, 32, 33, 34, 35, 36, 37, 38	
Zähne, Odonton, 4. Quadrant:	[180°–360°]
28, 27, 26, 25, 24, 23, 22, 21	
Nase, Siebbein:	[345°–15°]
Ohr, Kiefergelenk, Tonsille:	[165°–195°]
Nebenhöhle, Kieferhöhle, Stirnhöhle:	[90°]

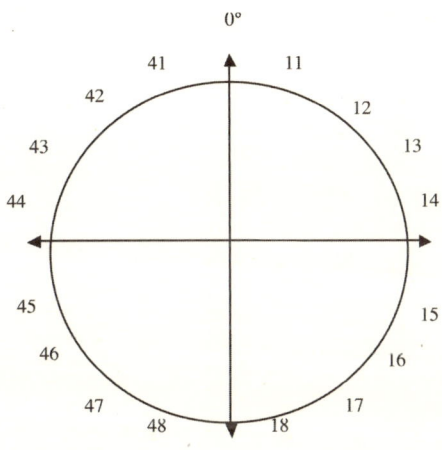

Energie-Organ-Beziehungen der Zehen

Da bei einer Photonen-Diagnose wie in der ETD nach Mandel auch die Abstrahlungen an den Zehenspitzen aufgezeichnet werden, haben sich auf empirischen Wege aus der Vielzahl tausender Aufnahmen in der Praxis weitere Energie-Organ-Beziehungen ergeben, deren Topografie nachstehend aufgelistet ist.

Großer Zeh links (Leber-Milz-Pankreas-Meridian)
Latenter Diabetes:	[0°–90°]
Pankreas – Fermente u. Enzyme:	[90°–180°]
Kopfzone, Pankreas – Leber:	[150°–210°]
Milz:	[340°–20°]

Großer Zeh rechts (Leber-Milz-Pankreas-Meridian)
Genetischer Diabetes:	[270°–360°]
Leber – Parenchym:	[0°–180°]
Kopfzone, Pankreas – Leber:	[150°–210°]
Pankreas – Fermente u. Enzyme:	[180°–270°]

2. Zeh links (Magen – Gelenk- / Bindegewebe-Degeneration)
Gelenk-Degeneration:	[0°–180°]
Säureverhältnis – Mukose:	[180°–360°]

2. Zeh rechts (Magen – Gelenk- / Bindegewebe-Degeneration)
Magen – Pylorus:	[0°–180°]
Gelenk-Degeneration:	[180°–360°]

3. Zeh links (Haut- / Bindegewebe-Degeneration)
Neuroglia:	[0°–360°]
Haut-Degeneration:	[180°–360°]
Narbe:	[160°–200°]

3. Zeh rechts (Haut- / Bindegewebe-Degeneration)
Körper-Bindegewebe – Grundsystem:	[0°–360°]
Haut-Degeneration:	[0°–180°]
Narbe:	[160°–200°]

4. Zeh links (Galle – Fettige Degeneration)
Kleines Gallengangsystem: [0°–360°]
Fettstoffwechsel: [0°–360°]

4. Zeh rechts (Galle – Fettige Degeneration)
Gallenblase: [0°–360°]
Fettstoffwechsel: [0°–360°]

5. Zeh links (Blase-Niere-Meridian)
Urogenitale: [0°–360°]
Niere: [0°–180°]
Blase: [180°–360°]
Kopfzone - Urogenitale: [160°–200°]

5. Zeh rechts (Blase-Niere-Meridian)
Urogenitale: [0°–360°]
Blase: [0°–180°]
Niere: [180°–360°]
Kopfzone – Urogenitale: [160°–200°]

Für diese empirisch gewonnenen Energie-Organ-Beziehungen, die seit Anfang der 1980er-Jahre aus der ETD bekannt sind, gibt es bisher kein physikalisch begründetes Erklärungsmodell. Aus der Traditionellen Chinesischen Medizin (TCM) und anderen Überlieferungen ist bekannt, dass mehrere Körperbereiche des Menschen auf rätselhafte Weise miteinander korrespondieren. Bei der Ohrakupunktur entsprechen die anatomischen Details des Ohrs bestimmten Körperbereichen, so zum Beispiel das Ohrläppchen dem Kopf und der äußere Rand der Ohrmuschel dem Verlauf der menschlichen Wirbelsäule. Bei der Reflexzonenmassage werden anatomische Details der Handinnenflächen oder der Fußsohlen bestimmten Organen im Körperinneren zugeordnet.

Aus der Schulmedizin ist bekannt, dass sich der menschliche Embryo aus der befruchteten Eizelle der Mutter entwickelt. Dabei entstehen zunächst drei Keimblätter, aus denen sich dann im weiteren Verlauf die unterschiedlichen Gewebearten wie Hautgewebe, Verdauungstrakt und Bindegewebe entwickeln; im weiteren Verlauf bilden sich daraus die spezialisierten Organe des menschlichen Körpers. Vielleicht liegt also der Schlüssel zum Verständnis dieser anatomischen Korrespondenzen in der Keimblattentwicklung des menschlichen Embryos.

Da die Topografie der beim Kirlianeffekt auftretenden Leuchterscheinungen letztendlich von der Verteilung elektrisch positiver und negativer Ladungsträger an der Hautoberfläche der Terminalpunkte abhängt, muss ein physikalisch basiertes Modell dies berücksichtigen. Hier ist in den kommenden Jahren weitere Grundlagenforschung erforderlich. Ein Ansatz für ein physikalisches Modell bietet vielleicht eine Vorgehensweise in der Festkörperphysik bei der Beschreibung der Ladungsverhältnisse in einer mikroelektronischen Schaltung. Damit habe ich mich bei meiner Doktorarbeit bei der Siemens AG in München-Neuperlach beschäftigt. In einem solchen Designmodell werden die unterschiedlich leitfähigen Schichten eines Mikrochips durch ein Ersatzschaltbild dargestellt, mit denen sein elektrisches Verhalten auf relativ einfache Weise simuliert werden kann. Es wäre also ein interessantes Forschungsprojekt, den menschlichen Körper in Form eines elektronischen Ersatzschaltbildes zu modellieren.

KAPITEL VII

Ergebnisse erster Fallstudien

Seit einiger Zeit wird eine neue Gerätegeneration von digitalen Photonen-Diagnosesystemen in der medizinischen Praxis getestet. Dabei hat auch die Forschungsgruppe um Dr. med. Jörg Kastner mit Dr. med. Michael Jack in der Praxis für Allgemein- & Ganzheitsmedizin in München mitgewirkt. Mittlerweile wurden von vielen Patienten der Praxis Aufnahmen von Finger- und Zehenspitzen vor und nach einer Behandlung gemacht. In diesem Kapitel werden vorab einige repräsentative Fälle dieser laufenden Studie erstmals veröffentlicht. Diese ersten Ergebnisse unterstreichen die Leistungsfähigkeit und Brauchbarkeit dieser Technologie bei der komplementärmedizinischen Diagnose in der ärztlichen Praxis, insbesondere bei der Dokumentation des elektrischen Ladungshaushaltes eines Patienten vor und nach einer Behandlung.

Alle Aufnahmen wurden bei konstant gehaltenen Geräteparametern gemacht. Dazu gehören die Einstellungen der Digitalkamera, die Amplitude und Frequenz der elektrischen Spannung und die Position der Finger- und Zehen an der Aufnahmeelektrode ebenso wie die Belichtungszeit und die Luftfeuchtigkeit des Aufnahmefelds. Daher können die Intensität und Qualität der aufgezeichneten Abstrahlungen miteinander verglichen werden.

Nachfolgend berichtet Dr. Kastner anhand von drei repräsentativen Fallbeispielen, wie er in seiner Praxis ein modernes Photonen-Diagnosesystem im Rahmen der Anamnese und zur Dokumentation des Therapieverlaufs einsetzte.

Fallbeispiel 1

Die Patientin berichtete im ersten Gespräch, unter starkem Prüfungsstress zu stehen. Sie könne nun nicht mehr gut schlafen und habe das Gefühl, ihr Kopf wäre blockiert. Weiterhin habe sie Angst, die ganzen Fakten nicht mehr in den Kopf zu bekommen und die Prüfung nicht zu bestehen. Sie fühle sich kraftlos und von einer inneren Unruhe getrieben. Nach der Nahrungsaufnahme habe sie nun öfter Bauchschmerzen und Durchfälle und ebenso vermehrt Rückenschmerzen.

Anamnese:

Patientin 26 Jahre alt, Medizinstudentin, viel Stress, Examensängste, innere Unruhe, mangelndes Selbstwertgefühl, Versagensängste, Schlafstörungen, das Gefühl, den Kopf nicht mehr frei zu bekommen, wiederkehrende Infekte, rezidivierende (wiederkehrende) Halsentzündung, schwaches Abwehrsystem, zum Teil Appetitlosigkeit, Magen-Darm-Beschwerden, rezidivierende Durchfälle, rezidivierende Schmerzen im oberen und unteren Rückenbereich, kalte Hände, kalte Füße, allgemeine Kraftlosigkeit. Ansonsten keine auffälligen Vorerkrankungen, körperlicher Befund unauffällig.

Die erste Aufnahme der Hände mit dem Photonen-Diagnose-System, dargestellt in Abbildung 18a und b, ergibt folgendes Bild (hierbei werden wir die Einzelpunkte in diesem Buch aber nur grob zur Übersicht und zum allgemeinen Verständnis analysieren. Das Photonen-Diagnoseverfahren und die folgenden Aufnahmen ermöglichen aber noch weitaus detaillierte Aussagen):

Mischung aus endokriner und toxischer Strahlungsqualität, mit deutlichen Lücken und mangelnder Abstrahlung in jedem Fingerbereich. Das bedeutet: blockierte und mangelnde Energie in vielen Organbereichen.

Kleiner Finger, Herz-Dünndarm-Meridian:
Linker kleiner Finger mitten im Bereich aggressive Zone und Herzenergie blockiert.

Ringfinger, 3E-Psyche-Meridian:
Interpretation: Dieser sogenannte obere Bereich stellt besonders den Bereich Herz und Psyche dar.
Hier zeigen sich auf der Fotografie deutliche Lücken: *Kleiner Finger links,* aggressive Zone, thyrogene Zone sowie eine wolkige Aufhellung *kleiner Finger rechts* für den Bereich Gefäße.

Interpretation: deutliche Stresszeichen mit nicht koordinierter Energie im Kopfbereich; weiteres Symptom: Schlaflosigkeit.

Ringfinger links: Auffällig ist ein sehr lückenhafter und fehlender Strahlungsbereich für Pankreas, Nebenniere bis zum 3E.

Ringfinger rechts: ebenfalls stark lückenhaft und fehlender Strahlungsbereich für Nebennierenrinde, Thymus, Hypophyse, 3E.

Interpretation: länger anhaltende starke Erschöpfung mit Belastung der Organe, die Hormone und das Stresshormon produzieren; beginnende Gefahr eines starken Erschöpfungszustands.

Dieser Eindruck wird verstärkt bei ausbleibender Strahlung am *Mittelfinger rechts* für den Bereich Niere.

Zudem auffällig *kleiner Finger rechts:* mangelnde Strahlung im Bereich Jejunum und Duodenum.

Zeigefinger rechts: eingeschränkte, mangelnde Strahlung im Colonbereich (Dickdarm).

Interpretation: Hieraus resultieren nicht nur Magen-Darm-Beschwerden und Verdauungsbeschwerden, sondern möglicherweise auch eine schlechte Darmflora, die zu 70 Prozent verantwortlich ist für ein gutes Immunsystem. Bei diesem schlechten Energiebild müssen wir von einem geschwächten oder auch stark gestörten Immunsystem ausgehen.

Dies zeigt sich dann im *Daumen rechts:* fehlende und gestörte Strahlung im Bereich Ohr, Tonsillen und lymphatischer Rachenring.

Die Patientin gab rezidivierende Infekt-Anfälligkeit an.

Weiterhin zeigt das Photonen-Bild im Bereich *Zeigefinger links* Lücken im Strahlungsbereich für Rücken, HWS, Lendenwirbel und Kreuzbein.

Die Patientin berichtete über zunehmende Rückenschmerzen.

Patientin aus Fallbeispiel 1 vor der Behandlung:

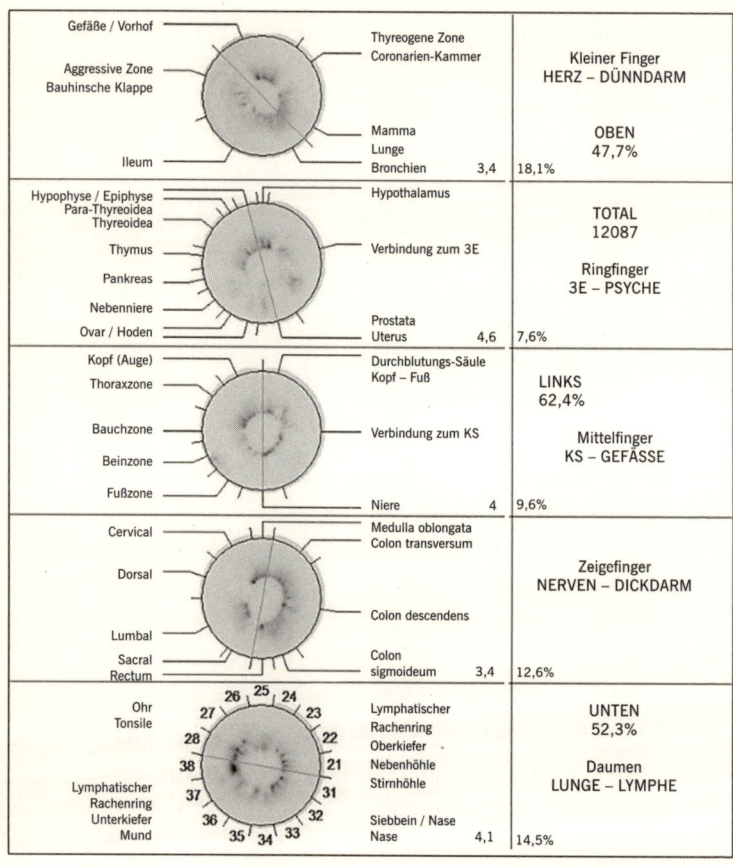

Gefäße / Vorhof Aggressive Zone Bauhinsche Klappe Ileum		Thyreogene Zone Coronarien-Kammer Mamma Lunge Bronchien 3,4	Kleiner Finger **HERZ – DÜNNDARM** OBEN 47,7% 18,1%
Hypophyse / Epiphyse Para-Thyreoidea Thyreoidea Thymus Pankreas Nebenniere Ovar / Hoden		Hypothalamus Verbindung zum 3E Prostata Uterus 4,6	TOTAL 12087 Ringfinger **3E – PSYCHE** 7,6%
Kopf (Auge) Thoraxzone Bauchzone Beinzone Fußzone		Durchblutungs-Säule Kopf – Fuß Verbindung zum KS Niere 4	LINKS 62,4% Mittelfinger **KS – GEFÄSSE** 9,6%
Cervical Dorsal Lumbal Sacral Rectum		Medulla oblongata Colon transversum Colon descendens Colon sigmoideum 3,4	Zeigefinger **NERVEN – DICKDARM** 12,6%
Ohr Tonsile Lymphatischer Rachenring Unterkiefer Mund		Lymphatischer Rachenring Oberkiefer Nebenhöhle Stirnhöhle Siebbein / Nase Nase 4,1	UNTEN 52,3% Daumen **LUNGE – LYMPHE** 14,5%

Abb. 18a: Linke Hand

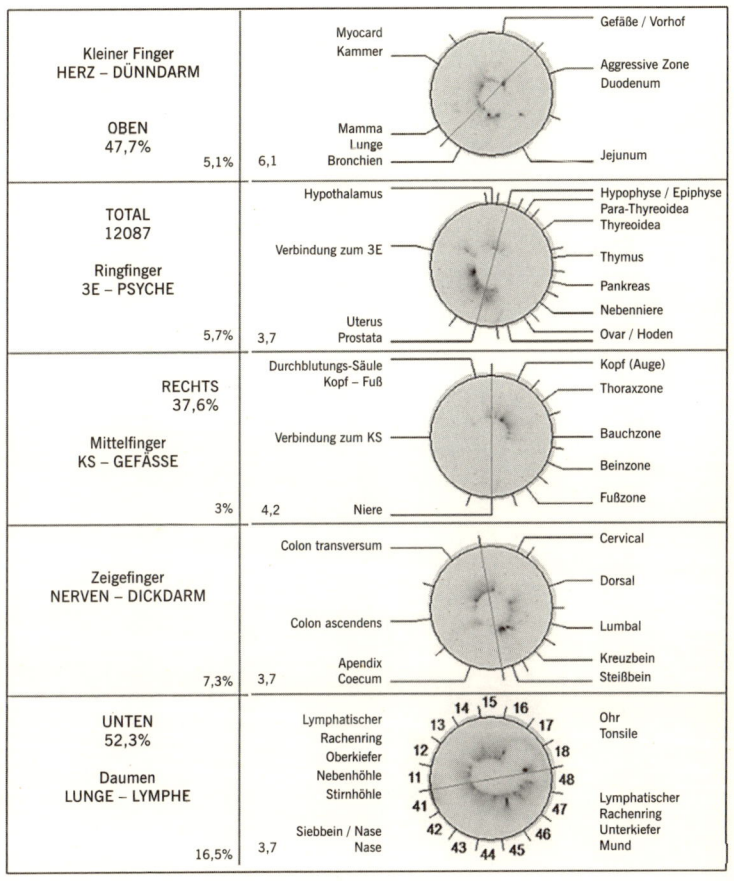

Abb. 18 b: Rechte Hand

Patientin aus Fallbeispiel 1 nach der Behandlung:

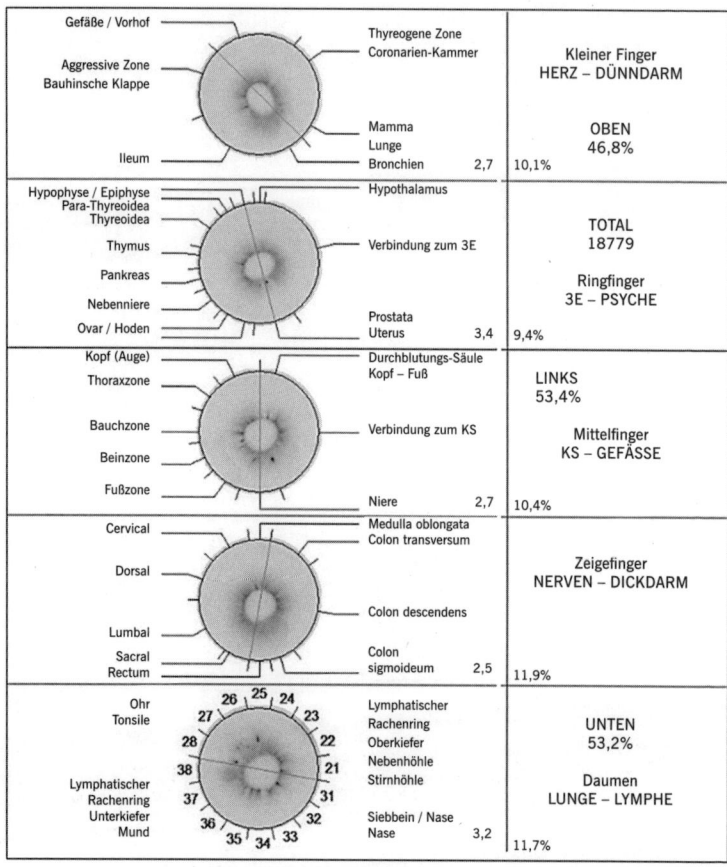

Abb. 19 a: Linke Hand

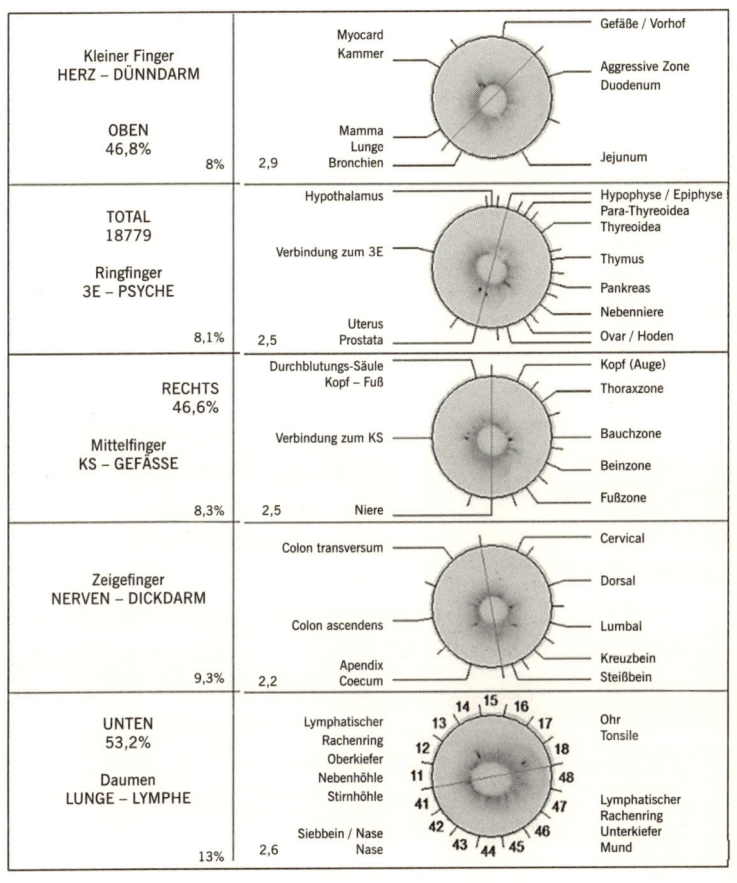

Abb. 19 b: Rechte Hand

Zusammenfassende Interpretation:
Die Patientin zeigt ein deutlich lückenhaftes und insgesamt schwaches energetisches Bild in vielen Bereichen. Die anamnestischen Angaben der Patientin finden ihre Bestätigung in der Photonen-Diagnose. Diese zeigt uns aber darüber hinaus, dass die Patientin in eine noch massivere und sehr ernst zu nehmende Erschöpfung abzudriften droht, da wichtige endokrine Organe (Hormondrüsen) blockiert sind beziehungsweise zu wenig Energie haben (Niere, Nebenniere, Hypophyse).

Aufgrund der geschwächten Darmenergie droht der Patientin auch eine besorgniserregende Schwächung des Immunsystems.

Darüber hinaus ist im Bereich der Herzenergie/Psyche eine Blockade sowie ein Mangel erkennbar, der therapiert werden muss.

Selbstverständlich ergeben sich einige Rückschlüsse schon aus der Krankengeschichte, aber mit Hilfe der Photonen-Diagnose zeigen sich viel mehr Details, die, richtig in Zusammenhang gebracht, eine viel effizientere Therapie ermöglichen.

Abbildungen 19a und b zeigen die zweite Aufnahme der Finger mit dem Photonen-Diagnosesystem (direkt nach der 30-minütigen Therapie, zirka 35 Minuten nach der ersten Aufnahme). Die Therapie erfolgte primär naturheilkundlich durch Akupunktur, Störfeldtherapie, Homöopathie sowie durch eine Serie von Vitamin-Aufbauinfusionen.

Interpretation: An allen Fingern sind die Strahlungskreise deutlich zu sehen und fast überall geschlossen. Wo zuvor keine Strahlung sichtbar war, zeigt sich nun wieder eine Abstrahlung.

Man sieht sehr deutlich den Unterschied, dass bereits nach dreißig Minuten die gesamte Energie der Patientin gut fließt und fast alle Organsysteme wieder ausreichend bis gut versorgt sind.

Diesbezüglich kann man der erschöpften Patientin schon einmal Mut machen, da sie im Wesentlichen noch über ausreichende Reserven verfügt und auch sehr gut auf die Behandlung angesprochen hat. Dies ist durchaus nicht immer der Fall. So kann man dann auch bei schwierigeren Reaktionstypen gezielter arbeiten und die Patienten von vornherein um etwas mehr Geduld bitten, sie aber auch sehr wirkungsvoll anhand der Veränderung der Bilder motivieren, die Therapie konsequent zu befolgen und etwas für sich zu tun.

Patientin 1 hatte also noch ausreichend Energiereserven, die allerdings in Fluss gebracht werden mussten.

Ringfinger rechts im Bereich Hypophyse zeigt eine wolkige Absetzung, die noch auf eine unruhige, nicht stabile seelische Verfassung hinweist. Daher bekam die Patientin auch nach der durchaus erfolgreichen Behandlung für zu Hause noch ein stabilisierendes homöopathisches Mittel für die Psyche.

Die weiteren Aufnahmen der Patientin zeigten eine immer bessere Stabilisierung ihres energetischen Zustands. Die Therapieverfahren ließen sich aufgrund der detaillierten Ergebnisse der Photonen-Diagnose sehr gezielt einsetzen. Außerdem ergab die quantitative Auswertung der Untersuchungsergebnisse einen Anstieg der gemessenen Abstrahlung von 12087 Strahlungs-Einheiten (vor der Behandlung) auf 20097 Strahlungs-Einheiten (nach der Behandlung). Das entspricht einem Anstieg von 66 Prozent.

Fallbeispiel 2

Die Patientin kam akut mit allergischen Symptomen in die Praxis. Sie berichtete über starken Juckreiz und Schwellungen an Händen und Unterarmen, des Weiteren klagte sie auch über Juckreiz im Bereich der Augen und am Hals.

Anamnese:
Patientin, 36 Jahre alt, alleinerziehend, fünfjähriger Sohn, berufstätig, zum Teil viel Stress, in letzter Zeit zunehmend leichte allergische Reaktionen mit Haut- und Augenjukken, allerdings keine Luftnot. Allergische Reaktion möglicherweise auf Nahrungsmittel, starke Sonneneinstrahlung sowie auf abrupte Temperaturunterschiede, gekoppelt mit Stress. Schlaf unregelmäßig, oft unterbrochen und zu wenig. Zunehmende Energielosigkeit, rezidivierende Infekte, kalte Füße, insgesamt ist die Patientin sehr Kälte empfindlich.

Untersuchungsbefund:
Hände gerötet, geschwollen, Augen leicht gerötet, Lunge frei, ansonsten Untersuchungsbefund unauffällig. Der Laborbefund zeigte eine eindeutige allergische Disposition, war aber ansonsten unauffällig.

Patientin 2 vor der Behandlung
Die erste Aufnahme (Abbildung 20 a und b) der Hände mit dem Photonen-Diagnose-System ergibt folgendes Bild: Mischung aus endokriner und toxischer Strahlungsqualität, insgesamt schwache Strahlung

Wichtigste Auffälligkeiten:
Ringfinger links: Nebenniere, Ovar, sowie Thymus.
Kleiner Finger rechts: Bereich Lunge, Bronchien, Jejunum.
Ringfinger rechts, ebenso wie an dem linken Ringfinger: Ovar, Nebennierenrinde, Thymus
Mittelfinger rechts: Niere

Interpretation:
Insgesamt schwaches Energieniveau; besondere Defizite im Bereich Lunge und Darm (Jejunum) sind wichtig für das Abwehrsystem und daher der Grund für allergische Reaktionen; weiterhin besteht möglicherweise eine Nahrungsmittel-Intoleranz, die ebenfalls häufig eine Ursache für allergische Reaktionen ist, da eine energetische Schwäche im Darmbereich sowie der hormonproduzierenden Organe – Ovar, Thymus, Nebennierenrinde – besteht.
Darüber ergibt sich auch der Verdacht auf eine insgesamt deutliche hormonelle Dysbalance, die auch die Erschöpfungszustände erklären könnte.
Die Nachbehandlung erfolgte ausschließlich naturkundlich mit Akupunktur und Homöopathie. Nach 30 Minuten erfolgte die Kontrollaufnahme.

Patientin aus Fallbeispiel 2 vor der Behandlung:

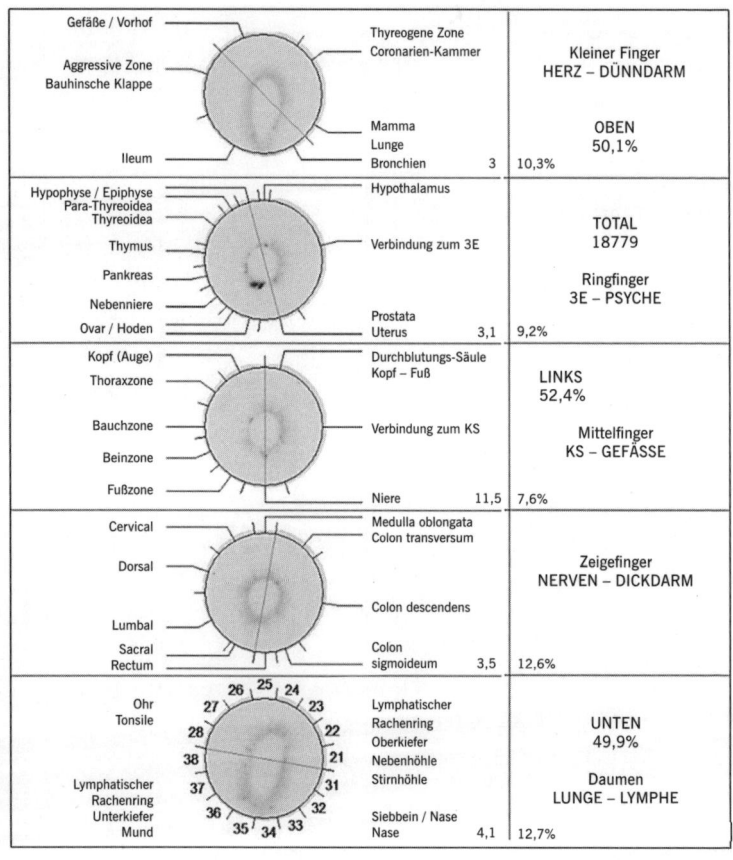

Abb. 20a: Linke Hand

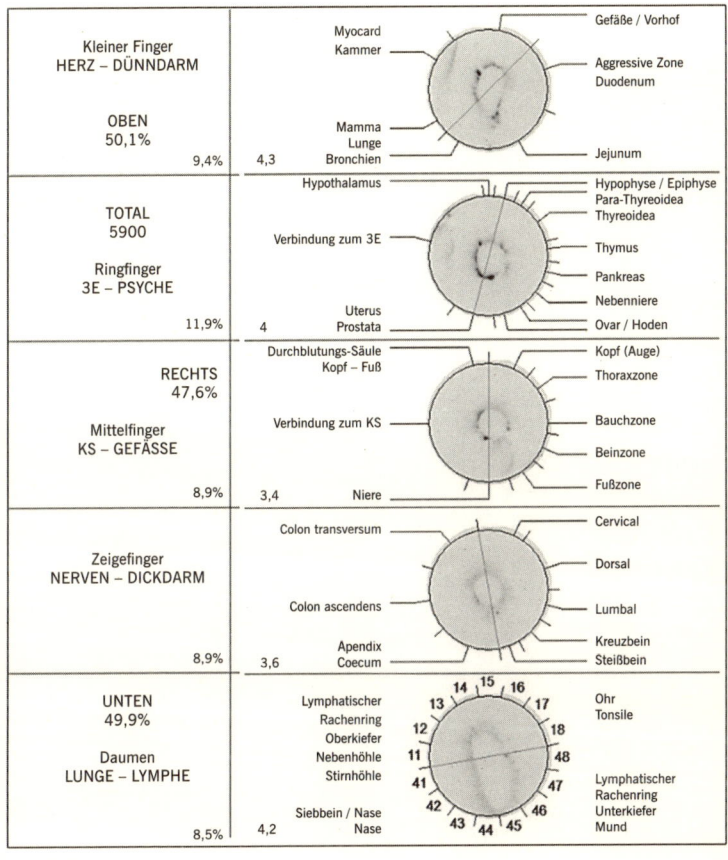

Kleiner Finger HERZ – DÜNNDARM OBEN 50,1% 9,4%	Myocard Kammer Mamma Lunge 4,3 Bronchien	Gefäße / Vorhof Aggressive Zone Duodenum Jejunum
TOTAL 5900 Ringfinger 3E – PSYCHE 11,9%	Hypothalamus Verbindung zum 3E Uterus 4 Prostata	Hypophyse / Epiphyse Para-Thyreoidea Thyreoidea Thymus Pankreas Nebenniere Ovar / Hoden
RECHTS 47,6% Mittelfinger KS – GEFÄSSE 8,9%	Durchblutungs-Säule Kopf – Fuß Verbindung zum KS 3,4 Niere	Kopf (Auge) Thoraxzone Bauchzone Beinzone Fußzone
Zeigefinger NERVEN – DICKDARM 8,9%	Colon transversum Colon ascendens Apendix 3,6 Coecum	Cervical Dorsal Lumbal Kreuzbein Steißbein
UNTEN 49,9% Daumen LUNGE – LYMPHE 8,5%	Lymphatischer Rachenring Oberkiefer Nebenhöhle Stirnhöhle Siebbein / Nase 4,2 Nase	Ohr Tonsile Lymphatischer Rachenring Unterkiefer Mund

Abb. 20b: Rechte Hand

Patientin aus Fallbeispiel 2 nach der Behandlung:

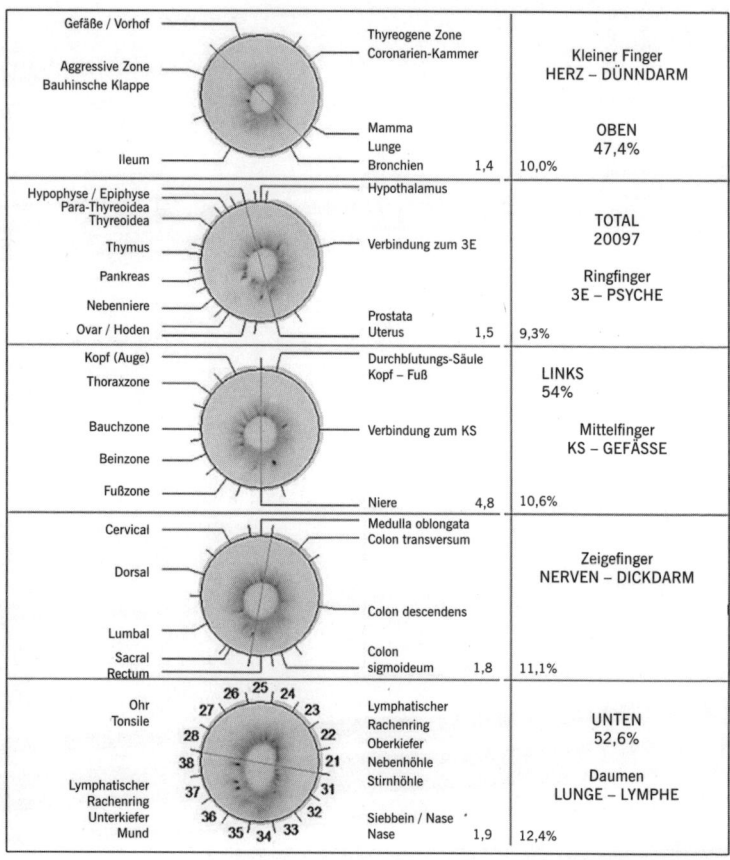

Gefäße / Vorhof	Thyreogene Zone Coronarien-Kammer	Kleiner Finger HERZ – DÜNNDARM
Aggressive Zone Bauhinsche Klappe		
Ileum	Mamma Lunge Bronchien 1,4	OBEN 47,4% 10,0%
Hypophyse / Epiphyse Para-Thyreoidea Thyreoidea Thymus Pankreas Nebenniere Ovar / Hoden	Hypothalamus Verbindung zum 3E Prostata Uterus 1,5	TOTAL 20097 Ringfinger 3E – PSYCHE 9,3%
Kopf (Auge) Thoraxzone Bauchzone Beinzone Fußzone	Durchblutungs-Säule Kopf – Fuß Verbindung zum KS Niere 4,8	LINKS 54% Mittelfinger KS – GEFÄSSE 10,6%
Cervical Dorsal Lumbal Sacral Rectum	Medulla oblongata Colon transversum Colon descendens Colon sigmoideum 1,8	Zeigefinger NERVEN – DICKDARM 11,1%
Ohr Tonsile Lymphatischer Rachenring Unterkiefer Mund	Lymphatischer Rachenring Oberkiefer Nebenhöhle Stirnhöhle Siebbein / Nase Nase 1,9	UNTEN 52,6% Daumen LUNGE – LYMPHE 12,4%

Abb. 21a: Linke Hand

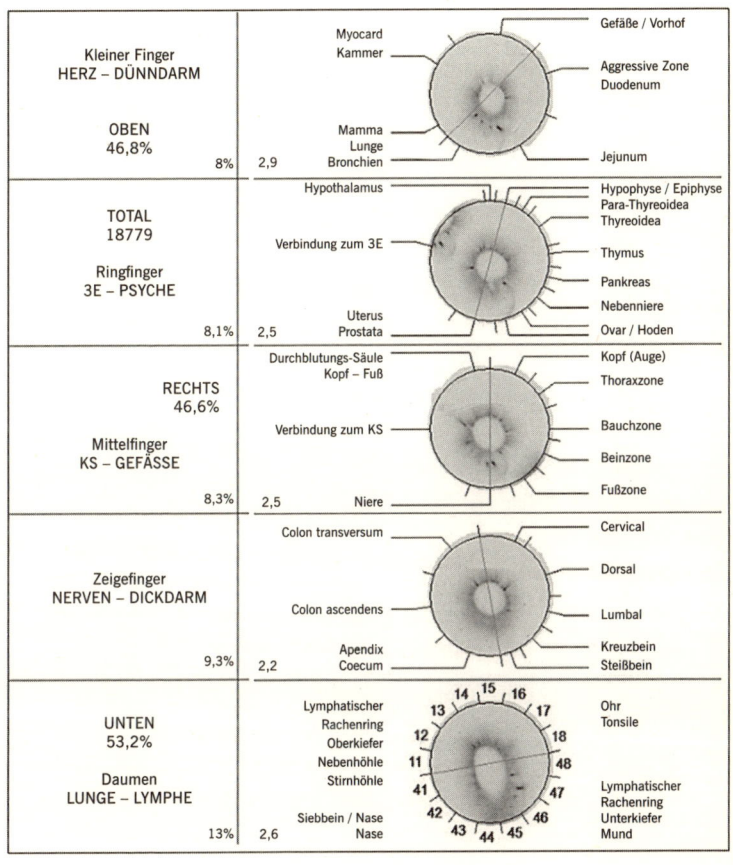

Abb. 21b: Rechte Hand

Die Aufnahme mit dem Photonen-Diagnosesystem nach der Behandlung (Abb. 21 a und b) ergibt:

Deutlich verbesserte Strahlungsintensität, allerdings weiter Lücken.

Kleiner Finger rechts, Bereich Psyche (Herz Myokard) sowie Bronchien Jejunum; ebenso auffällig *Ringfinger rechts:* nicht geschlossenes Energiebild; weiterhin mit Lücken im Bereich der hormonproduzierenden Organe.

Zusammenfassende Interpretation:
Patientin hat recht gut auf die Behandlung reagiert, fühlt sich auch besser, der Juckreiz ist verschwunden.

Allerdings bestehen weiter deutliche Defizite im Bereich *Kleiner Finger rechts:* Psyche längerfristig belastet, instabil, Erschöpfungszeichen; Psyche sollte unbedingt stabilisiert werden. Weiterhin bestehen deutliche Schwächen im Darmbereich mit Hinweisen auf eine mögliche gestörte Darmflora (sollte schulmedizinisch abgeklärt werden). All das ist insgesamt wichtig für das Immunsystem und bei Allergieneigung; hier sind dringend weitere Therapie und Aufbau notwendig.

Defizite im Bereich der hormonproduzierenden Organe, hier ist zunächst weitere schulmedizinische Abklärung notwendig, zum Beispiel durch gezielte Labordiagnostik.

Anmerkung: Die Photonen-Diagnose gab hier wertvolle Hinweise, unter anderem die Bereiche der Darmfunktion, Darmflora, sowie das hormonelle System bei der Patientin zu überprüfen. Die daraufhin durchgeführten schulmedizinischen Diagnoseverfahren konnten die Hinweise der Photonendiagnostik bestätigen.

Fallbeispiel 3

Der Patient berichtete bei Aufnahme über zunehmende Verdauungsschwierigkeiten in den letzten drei Monaten, mit Blähbauch und Völlegefühl, meist eine halbe Stunde nach dem Essen. Außerdem fühle er sich danach müde und erschöpft. Insgesamt empfinde er in den letzten sechs Monaten eine immer geringere Leistungsfähigkeit, obwohl er ausreichend schlafe und keine besonderen zusätzlichen Belastungen habe.

Anamnese:
46-jähriger Patient in gutem, relativ ausgeglichenen Allgemeinzustand, keine besonderen Untersuchungsergebnisse. Es konnten auch keine auffälligen Blutwerte in den letzten sechs Monaten trotz umfangreicher Labordiagnostik festgestellt werden.
In der ersten Aufnahme mit dem Photonen-Diagnosesystem (Abb. 22 a und b) ergab sich:
Überwiegend Mischung aus endokriner und toxischer Strahlungsqualität mit deutlichen Unterbrechungen der Koronae in folgenden Bereichen:
Kleiner Finger links: gesamter Bereich instabil.
Ringfinger links: Lücke im Bereich Verdauungsorgane und Pankreas.
Mittelfinger links: Bauchzone.
Zeigefinger links: Rektum- und Colon-Bereich.
Daumen links: lymphatischer Bereich, Tonsillen.
Kleiner Finger rechts: ebenfalls insgesamt instabil, deutliche Lücke im Bereich Jejunum, Magen-Darm.

Patient aus Fallbeispiel 3 vor der Behandlung:

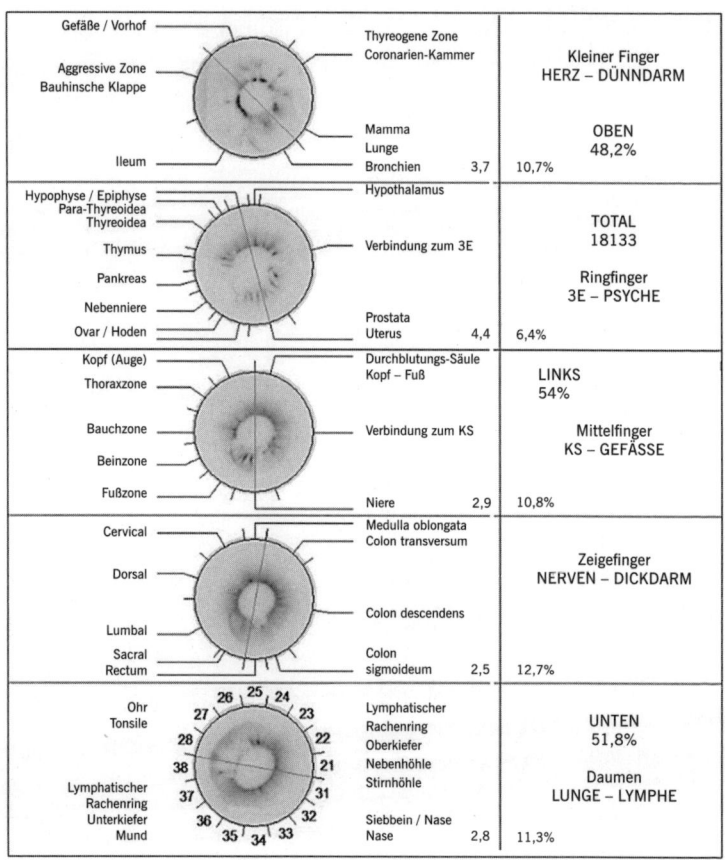

Abb. 22a: Linke Hand

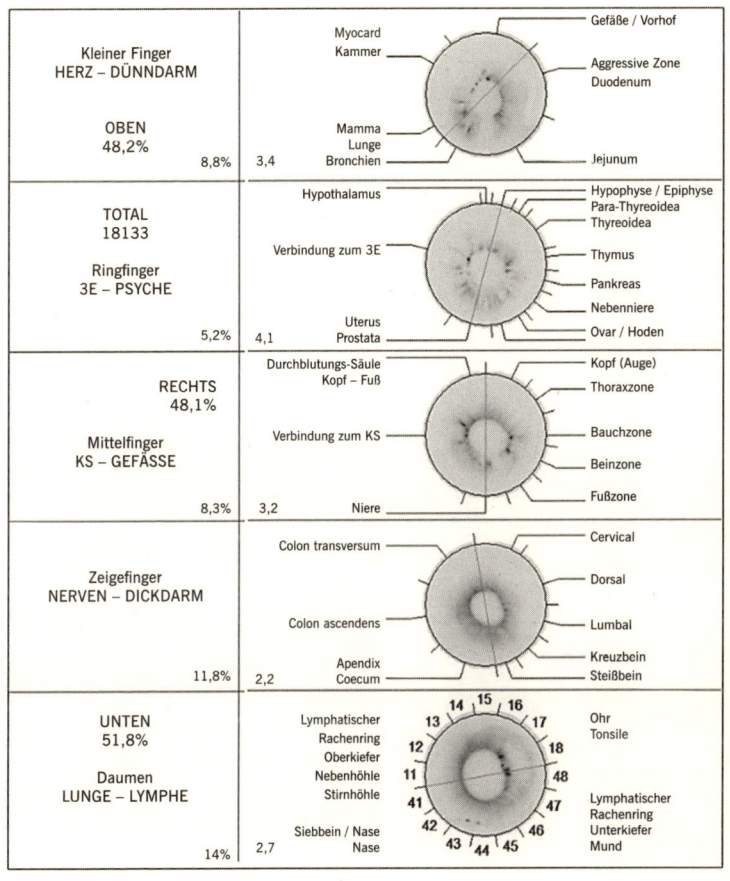

Abb. 22b: Rechte Hand

Patient aus Fallbeispiel 3 nach der Behandlung:

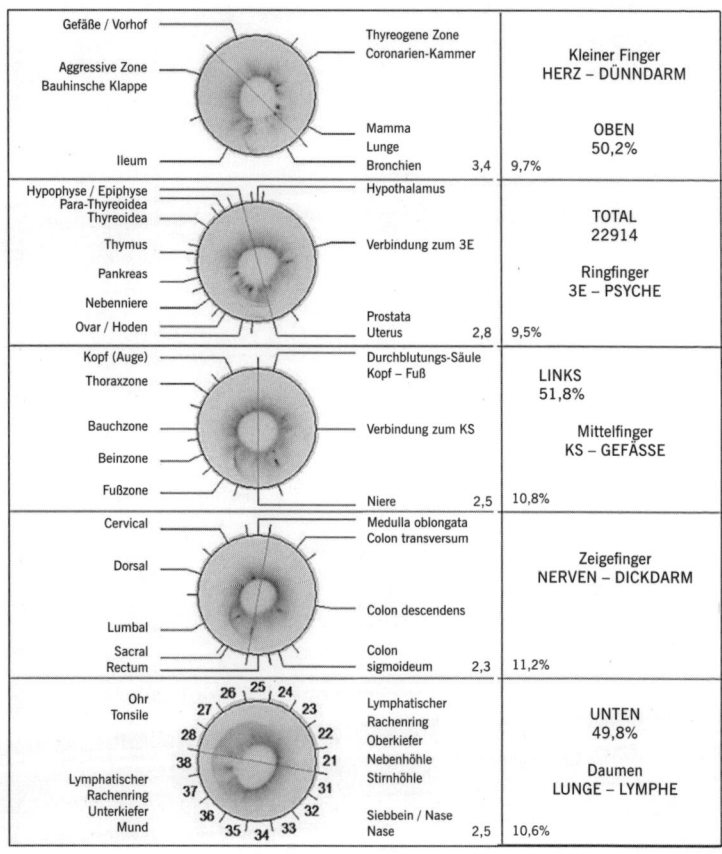

Abb. 23 a: Linke Hand

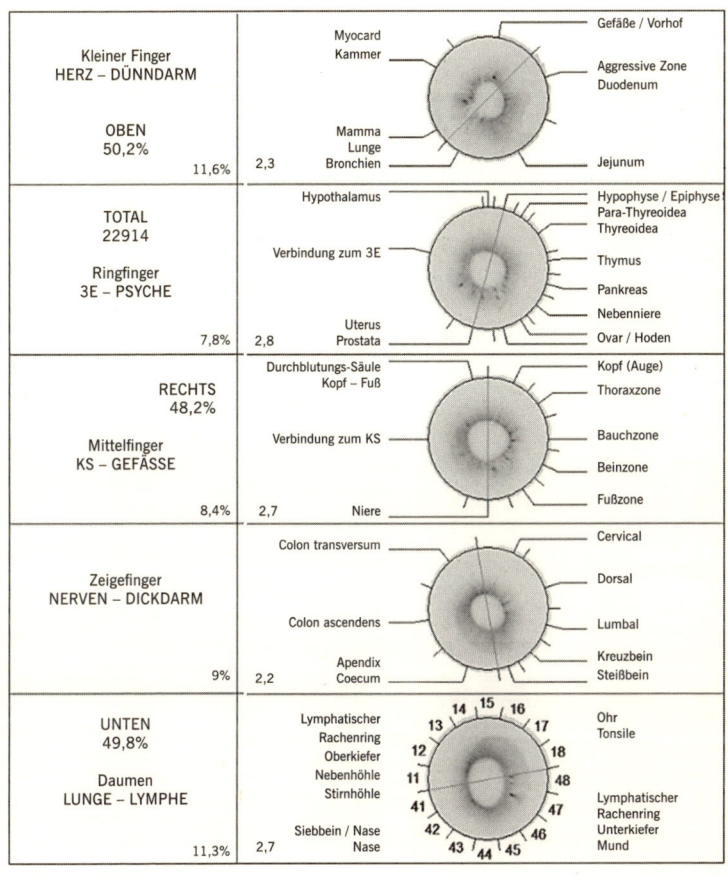

Kleiner Finger HERZ – DÜNNDARM OBEN 50,2% 11,6%	2,3	Myocard Kammer Mamma Lunge Bronchien	Gefäße / Vorhof Aggressive Zone Duodenum Jejunum
TOTAL 22914 Ringfinger 3E – PSYCHE 7,8%	2,8	Hypothalamus Verbindung zum 3E Uterus Prostata	Hypophyse / Epiphyse Para-Thyreoidea Thyreoidea Thymus Pankreas Nebenniere Ovar / Hoden
RECHTS 48,2% Mittelfinger KS – GEFÄSSE 8,4%	2,7	Durchblutungs-Säule Kopf – Fuß Verbindung zum KS Niere	Kopf (Auge) Thoraxzone Bauchzone Beinzone Fußzone
Zeigefinger NERVEN – DICKDARM 9%	2,2	Colon transversum Colon ascendens Apendix Coecum	Cervical Dorsal Lumbal Kreuzbein Steißbein
UNTEN 49,8% Daumen LUNGE – LYMPHE 11,3%	2,7	Lymphatischer Rachenring Oberkiefer Nebenhöhle Stirnhöhle Siebbein / Nase Nase	Ohr Tonsile Lymphatischer Rachenring Unterkiefer Mund

Abb. 23 b: Rechte Hand

Ringfinger rechts: lückenhafte Korona besonders bei Verdauungsorganen und Pankreas.

Interpretation:
Auffällig ist, dass in den gesamten Bereichen, die die Verdauungsorgane präsentieren, insbesondere beim Pankreas (Bauchspeicheldrüse) und der Bauchzone, erhebliche Energiedefizite erkennbar sind.
Natürlich deckt sich dies mit der Befragung und dem Erhebungsbogen des Patienten. Dies lässt sich direkt mit der Photonen-Diagnose gut bildhaft darstellen und im Sinne einer Organschwäche bzw. eines Energiedefizits interpretieren.
Auch hier erfolgte die Behandlung zunächst mit Akupunktur und Homöopathie. Die folgende Aufnahme wurde wiederum nach 30-minütiger Behandlung gemacht.
Zweite Aufnahme mit dem Photonen-Diagnose-System (Abb. 23 a und b): Insgesamt gute Reaktion auf die Therapie mit überwiegend geschlossenen, kreisförmigen Strahlenkoronae mit verbesserter Abstrahlung.
Deutlich verbesserte Abstrahlung und Energieaktivität im Bereich der Verdauungsorgane und der Bauchspeicheldrüse nach der Behandlung.
Es bestehen noch Defizite im Bereich *kleiner Finger links* und *rechts* in der Zone von Ileum (Darm) und Lunge.

Zusammengefasste Interpretation:
Der Patient hat auf die Behandlung gut reagiert, und insbesondere bei den Verdauungsorganen konnte das Energiedefizit vorerst ausgeglichen werden.

Er fühlte sich direkt nach der Behandlung entspannter, aber auch »energiegeladener«.
Ein Energiedefizit ist noch im Bereich Darm und Lunge/ Bronchien zu sehen, die noch in weiteren Behandlungsschritten gestärkt werden müssten.

Allgemeiner Hinweis:
Es ist natürlich überaus interessant zu sehen, wie sich diese individuellen Bilder im Laufe einiger Tage oder Wochen verändern, sei es zum Positiven oder Negativen. Daraus lassen sich dann überaus wertvolle Erkenntnisse über energetische und gesundheitliche Prozesse bei den jeweiligen Patienten gewinnen. Es sei noch erwähnt, dass zur vollständigen Photonen-Diagnose auch noch die Fußaufnahme gehört, die allerdings bewusst weggelassen wurde. Das Buch sollte an dieser Stelle zunächst nur einen kleinen Eindruck vermitteln, sozusagen ein Blick durchs Schlüsselloch, was mit der Photonen-Diagnose grundsätzlich möglich scheint. An dieser Stelle sei noch darauf hingewiesen, dass wir beabsichtigen, umfangreiche Studien durchzuführen, um diese Methode für den diagnostischen und therapeutischen Bereich zu überprüfen. Dem Kenner der Photonenbildinterpretation sei noch einmal kurz gesagt, dass wir bei der Auswertung der Bilder nur einen groben Überblick zum ersten allgemein Verständnis leisten wollten.

Zusammenfassung
Von den ersten Aufnahmen elektrischer Entladungen an lebenden Objekten, die als Kirlianfotografien bekannt wurden, bis zur Entwicklung eines modernen digitalen

elektronischen Diagnoseverfahrens, das in der Komplementärmedizin angewendet wird, war es ein weiter und jahrzehntelanger Weg. Ich berichte in diesem Buch über die einzelnen Etappen dieser Entwicklung und über meinen persönlichen Beitrag zur Kirlianforschung.

Für mich steht fest, dass unsere Vitalität und psychische Verfassung sowie auch unsere Spiritualität mit diesem Verfahren objektivierbar geworden sind. Daraus lassen sich für Patienten medizinisch relevante Aussagen gewinnen, was durch die hier erstmals veröffentlichten Ergebnisse von Messungen aus einer allgemeinmedizinischen Praxis eindrucksvoll unter Beweis gestellt wird.

Dazu waren sowohl eine wissenschaftliche Betrachtung der beim Kirlianeffekt auftretenden Strahlungsphänomene als auch eine technische Weiterentwicklung des Aufnahmeverfahrens erforderlich. Ich bin davon überzeugt, dass dem aus der Kirlianfotografie weiterentwickelten digitalen Verfahren der Photonen-Diagnose eine große Zukunft in der medizinischen Praxis bevorsteht, denn es eignet sich hervorragend zur Dokumentation und zur Visualisierung der energetischen Auswirkungen therapeutischer Anwendungen.

Danksagung

Ich danke der Forschungsgruppe um Herrn Dr. med. Jörg Kastner, mit Dr. med. Michael Jack in der Praxis für Allgemein- & Ganzheitsmedizin für die freundliche Unterstützung bei der Präsentation von aktuellen Fallbeispielen aus der medizinischen Praxis.
Für weitere Informationen und Seminare zum Thema wenden Sie sich bitte an:

www.drmichaelkoenig.de
www.photonen-diagnose.de

Literatur-Verzeichnis

Bergmann-Schäfer, Gobrecht, *Lehrbuch der Experimentalphysik, Band II, Elektrizität und Magnetismus,* Walter de Gruyter, Berlin, New York 1971

Popp, Fritz Albert, *Biologie des Lichts, Grundlagen der ultraschwachen Zellstrahlung,* Parey, Berlin, Hamburg, 1984

Büttrich, Sebastian und Gottschalk, Niels, *Kirlianfotografie,* Projektwerkstatt Physik, TU Berlin 1989/1990

Mandel, Peter, *Energetische Terminalpunkt-Diagnose,* Synthesis, Essen, 1983

Elektor, Zeitschrift für Elektronik, *Kirlianfotografie,* Mai 1977, S. 22–25

Strzempa-Depré (Michael König), *Verfahren zur Bestimmung der Verteilung und gegenseitigen Beeinflussung von positiven und negativen elektrischen Ladungen unter Ausnutzung des Kirlianeffekts.* Patentschrift DE 37 07 338 C2, Deutsches Patentamt, 1987

Strzempa-Depré (Michael König), *Transientes Latch-Up-Designmodell,* Dissertation, Universität Kassel 1986

Strzempa-Depré (Michael König), *Die Physik der Erleuchtung,* Goldmann, München, 1989

König, Michael, *Das Urwort – Die Physik Gottes,* Scorpio, München, 2010

König, Michael, *Der kleine Quantentempel,* Scorpio, München, 2011

König, Michael, *Photonen-Diagnostik als neueste Hightech-Weiterentwicklung des Kirlianverfahrens,* Comed, Fachmagazin für Complementär-Medizin, Kulmbach, Juli 2013

Selbstheilung mit der modernen Physik

Vitalität, Freude und Bewusstheit stehen in direktem Zusammenhang mit der Menge und Qualität der Lichtquanten (Biophotonen) in unserem Körper – das ist die Lehre der modernen Bio- und Quantenphysik. Dadurch haben wir die Möglichkeit, spirituelle Transformationsmethoden, losgelöst von weltanschaulicher Verpackung, anzuwenden.

Wir wissen heute um die Einheit von Geist, Seele und Körper, und die hier vorgestellten Methoden und Übungen mobilisieren das Glückspotenzial dieses Dreigestirns und helfen, uns selbst und andere intensiver wahrzunehmen, kennen und lieben zu lernen. Anhand von Michael Königs Übungen können wir unsere inneren Biophotonenlampen einschalten, um alle Zimmer und Nischen unseres Seelenhauses mit wohliger Wärme und Licht zu durchfluten.

Mehr über unsere Bücher:
www.scorpio-verlag.de

Dr. Michael König

SCORPIO

HXΦH

Der kleine
QUANTEN TEMPEL

Selbstheilung mit der modernen Physik

144 Seiten, broschiert
ISBN 978-3-942166-21-8

1 CD, Spielzeit: 80 min.
ISBN 978-3-942166-22-5